普通高等教育汽车类专业系列教材

燃料电池电动汽车原理与技术

主 编 陈 勇 梁 晨 霍为炜
参 编 王仁广 张少鹏 徐鸿飞 张财志

机械工业出版社

本书介绍了燃料电池电动汽车的发展历程、分类与特点以及未来的发展趋势；叙述了燃料电池的原理、特点、工作特性及主要辅件的原理；分析了燃料电池电动汽车动力系统构型与整车控制；阐释了燃料电池电动汽车动力系统建模方法；阐述了燃料电池电动汽车可能使用的电机和电池的类型、性能和应用现状；从整车角度全面剖析了燃料电池电动汽车所涉及的主要部件的热管理系统组成及性能测试评价方法；系统介绍了燃料电池电动汽车的电气系统、辅助系统、充电系统及总线系统。此外，本书对燃料电池电动汽车基础设施方面的制氢、储氢、运输以及加氢等也做了介绍。

本书可作为普通高等院校车辆工程及相近专业的教材或参考书，也可作为从事燃料电池电动汽车技术研究、生产管理、技术服务等相关工作的工程技术人员的参考书。

本书配备教学课件，选用本书作为教材的教师可在机械工业出版社教育服务网（www.cmpedu.com）注册后免费下载。

客服人员微信：13070116286。

图书在版编目（CIP）数据

燃料电池电动汽车原理与技术 / 陈勇，梁晨，霍为炜主编 . —北京：机械工业出版社，2023.1（2024.8 重印）

普通高等教育汽车类专业系列教材

ISBN 978-7-111-71944-1

Ⅰ.①燃…　Ⅱ.①陈…②梁…③霍…　Ⅲ.①燃料电池—电动汽车—高等学校—教材　Ⅳ.① U469.72

中国版本图书馆 CIP 数据核字（2022）第 204517 号

机械工业出版社（北京市百万庄大街 22 号　邮政编码 100037）

策划编辑：何士娟　　　　　责任编辑：何士娟
责任校对：韩佳欣　张　薇　封面设计：张　静
责任印制：李　昂

北京捷迅佳彩印刷有限公司印刷

2024 年 8 月第 1 版第 3 次印刷
184mm×260mm · 11 印张 · 256 千字
标准书号：ISBN 978-7-111-71944-1
定价：85.00 元

电话服务	网络服务
客服电话：010-88361066	机 工 官 网：www.cmpbook.com
010-88379833	机 工 官 博：weibo.com/cmp1952
010-68326294	金 书 网：www.golden-book.com
封底无防伪标均为盗版	机工教育服务网：www.cmpedu.com

前　言

氢能作为一种来源丰富、绿色低碳的二次能源，正逐步成为全球能源转型的重要载体之一。作为多能源传输和融合交互的纽带、未来清洁低碳能源系统的核心之一，氢能发展已经成为全球能源技术革命的重要方向。

《交通强国建设纲要》明确要求，优化交通能源结构，推进新能源、清洁能源应用，推广新能源、清洁能源、智能化、数字化、轻量化、环保型交通装备及成套技术装备。随着我国能源革命的深化，氢燃料电池技术的进步以及双碳目标的逐步实现，氢燃料电池电动汽车技术将迎来新的发展格局。

2022年3月23日，国家发展改革委发布的《氢能产业发展中长期规划（2021—2035年）》中的发展目标明确，到2025年，燃料电池车辆保有量约5万辆，部署建设一批加氢站。2021年8月13日，财政部、工业和信息化部、科技部、国家发展改革委、国家能源局五部门发布《关于启动燃料电池汽车示范应用工作的通知》，明确要求北上广有关部门要切实加强燃料电池汽车示范应用工作组织实施。2022年4月19日，教育部印发了《加强碳达峰碳中和高等教育人才培养体系建设工作方案》，要求将绿色低碳理念纳入教育教学体系，广泛开展绿色低碳教育和科普活动，还要求加快储能和氢能相关学科专业建设。

燃料电池是一种不燃烧燃料而直接以电化学反应方式将燃料的化学能转变为电能的高效发电装置。它具有效率高、噪声低、无温室气体及污染物排放等优点，从而受到了世界各国的关注。燃料电池产业的发展对于增强中国车企在新能源汽车领域的核心竞争力和国际影响力，推动中国汽车行业的创新绿色发展，提升我国能源安全以及提高新能源相关学科的人才培养，都有着十分重要的战略意义。

本书主要介绍燃料电池及系统的基本原理、组成和主要辅件，燃料电池电动汽车的动力系统组成、主要部件及辅助系统，以及制氢、储氢、运输等基础设施方面的知识。

本书由北京信息科技大学教授陈勇博士、三一重卡电动化研究院副院长、教授级高级工程师梁晨博士，北京信息科技大学副教授霍为炜博士担任主编，参加编写的人员还有中国汽车技术研究中心有限公司教授级高级工程师王仁广博士，联合燃料电池系统研发（北京）有限公司工程师张少鹏、国创氢能科技有限公司工程师徐鸿飞和重庆大学研究员张财志博士。北京信息科技大学的郭晓光博士及研究生易鑫、焦保华、赵天宇和张宁等在资料收集整理过程中做了大量工作。清华大学教授田光宇博士、北京理工大学教授何洪文博士、中国农业大学教授江发潮博士和北京工业大学教授纪常伟博士在全书成稿过程中给予了很多有益的建议和修改意见，在此表示衷心感谢。

在本书完稿之际，对书中所引参考文献的作者致以衷心的感谢！

感谢北京市教委2022年的促进高校分类发展-市教委指定任务-2021年度教学名师项目对本书的资助。

燃料电池技术及燃料电池电动汽车技术现处于快速发展时期，既有诸多新技术不断涌现，也有现有技术问题正在解决。由于作者的知识和水平有限，本书难免存在错误和不足之处，恳请读者提出宝贵意见和修改建议，以便本书再版修订时参考。

编　者

目　录

前言

第1章　概述 ... 001
1.1　燃料电池电动汽车发展历程 ... 001
1.2　燃料电池电动汽车的分类及特点 ... 007
1.2.1　纯燃料电池电动汽车 ... 007
1.2.2　混合动力式燃料电池电动汽车 ... 008
1.2.3　增程式燃料电池电动汽车 ... 008
1.3　燃料电池电动汽车的发展趋势 ... 009
1.3.1　国外燃料电池电动汽车的发展趋势 ... 010
1.3.2　国内燃料电池电动汽车的发展趋势 ... 010
思考题 ... 012
参考文献 ... 012

第2章　燃料电池及其系统组成 ... 014
2.1　燃料电池的发展历程 ... 014
2.2　燃料电池的原理与分类 ... 015
2.2.1　燃料电池的工作原理 ... 015
2.2.2　燃料电池的分类 ... 016
2.3　质子交换膜燃料电池 ... 017
2.3.1　质子交换膜燃料电池的原理与特点 ... 017
2.3.2　质子交换膜燃料电池的主要部件 ... 018
2.3.3　质子交换膜燃料电池的工作特性 ... 020
2.3.4　质子交换膜燃料电池的性能 ... 021
2.4　燃料电池系统辅件 ... 022
2.4.1　空气压缩机 ... 022
2.4.2　增湿器 ... 025
2.4.3　氢气循环装置 ... 026
2.4.4　散热器及水泵 ... 027
2.5　其他辅件选型 ... 027

2.5.1　储氢瓶 ··· 027
　　2.5.2　储氢瓶瓶口阀和 PRD 阀等 ··· 029
2.6　燃料电池堆控制单元 ·· 029
思考题 ·· 030
参考文献 ·· 030

第 3 章　燃料电池电动汽车动力系统及整车控制 ·············· 032

3.1　燃料电池电动汽车动力系统 ·· 032
　　3.1.1　燃料电池电动汽车动力系统概述 ······································· 032
　　3.1.2　燃料电池电动汽车动力系统常见构型 ································· 034
　　3.1.3　燃料电池电动汽车动力系统部件选型 ································· 036
　　3.1.4　燃料电池混合动力汽车动力系统构型分析 ························· 038
3.2　动力系统能量分配 ·· 039
　　3.2.1　能量分配策略模式 ··· 039
　　3.2.2　动力系统能量分配控制架构及模式 ···································· 041
　　3.2.3　典型动力系统能量管理分析 ·· 043
3.3　能量管理建模分析与控制 ·· 043
　　3.3.1　燃料电池电动汽车动力系统建模 ······································· 044
　　3.3.2　模糊控制策略 ··· 047
　　3.3.3　非线性控制策略 ··· 047
　　3.3.4　燃料电池电动汽车仿真分析 ·· 052
3.4　整车控制单元 ·· 054
　　3.4.1　整车控制器概述 ··· 054
　　3.4.2　燃料电池电动汽车整车控制单元 ······································· 055
　　3.4.3　整车控制单元硬件 ··· 055
　　3.4.4　整车控制单元软件 ··· 058
思考题 ·· 065
参考文献 ·· 066

第 4 章　电机驱动系统 ·· 070

4.1　电机驱动系统概述 ·· 071
4.2　直流电机驱动系统 ·· 071
　　4.2.1　直流电机的结构及特点 ··· 071
　　4.2.2　直流电机的工作原理 ··· 072
　　4.2.3　直流电机控制系统 ··· 072
　　4.2.4　实例应用 ·· 073

4.3 永磁同步电机驱动系统 ·· 074
　4.3.1 永磁同步电机的结构及特点 ·· 075
　4.3.2 永磁同步电机的工作原理 ·· 077
　4.3.3 永磁同步电机控制系统 ·· 078
　4.3.4 实例应用 ·· 079
4.4 异步电机驱动系统 ·· 081
　4.4.1 交流感应电机的结构及特点 ·· 081
　4.4.2 异步电机的工作原理 ·· 082
　4.4.3 异步电机模型及控制 ·· 083
　4.4.4 实例应用 ·· 085
4.5 开关磁阻电机驱动系统 ·· 085
　4.5.1 开关磁阻电机的结构及特点 ·· 085
　4.5.2 开关磁阻电机的工作原理 ·· 086
　4.5.3 开关磁阻电机模型及控制 ·· 087
思考题 ·· 089
参考文献 ·· 089

第 5 章　辅助动力电池系统 ·· 092

5.1 动力电池的种类及结构 ·· 092
　5.1.1 镍氢电池 ·· 092
　5.1.2 锂离子电池 ·· 094
　5.1.3 锌空气电池 ·· 096
　5.1.4 锂硫电池 ·· 098
5.2 电池性能指标 ·· 100
　5.2.1 荷电状态（SOC） ·· 100
　5.2.2 健康状态（SOH） ·· 102
　5.2.3 峰值功率能力（SOP） ·· 104
　5.2.4 内部温度状态（SOT） ·· 104
　5.2.5 安全状态（SOS） ·· 105
思考题 ·· 106
参考文献 ·· 106

第 6 章　燃料电池电动汽车热管理系统 ···································· 108

6.1 燃料电池发动机热管理 ·· 108
　6.1.1 燃料电池的热特性分析及散热需求 ···································· 109
　6.1.2 空气压缩机和压缩空气热特性分析 ···································· 109

  6.1.3 燃料电池热管理系统的结构 …… 110
  6.1.4 燃料电池热管理系统的控制策略 …… 111
 6.2 电驱动系统热管理 …… 111
 6.3 动力电池热管理系统 …… 112
 6.4 整车热管理系统性能测试评价 …… 114
  6.4.1 整车热管理系统目标 …… 114
  6.4.2 整车热管理系统的性能 …… 114
  6.4.3 整车热管理性能测试方法 …… 114
  6.4.4 前机舱热管理分析 …… 118
  6.4.5 乘员舱热管理分析 …… 119
 6.5 燃料电池电动汽车整车交互热管理系统 …… 121
 思考题 …… 122
 参考文献 …… 122

第7章 燃料电池电动汽车电气及总线系统 …… 125

 7.1 电动汽车电气系统 …… 125
  7.1.1 低压电气系统 …… 125
  7.1.2 高压电气系统 …… 126
 7.2 电动化辅助系统 …… 128
  7.2.1 电动转向系统 …… 128
  7.2.2 电控制动系统 …… 129
  7.2.3 电动空调系统 …… 135
 7.3 充电系统 …… 138
  7.3.1 充电系统的组成 …… 138
  7.3.2 充电系统的工作原理 …… 141
 7.4 车载总线系统 …… 144
  7.4.1 CAN 总线系统的主要特点 …… 145
  7.4.2 车载总线系统的主要技术指标 …… 146
  7.4.3 车载总线的分类 …… 147
  7.4.4 其他车载总线 …… 147
 思考题 …… 149
 参考文献 …… 150

第8章 燃料电池电动汽车的基础设施 …… 151

 8.1 制氢 …… 151
  8.1.1 化石燃料制氢 …… 151

8.1.2 焦炉煤气副产氢 ·· 152
8.1.3 电解水制氢 ·· 152
8.2 氢气储存和运输 ·· 153
8.2.1 氢气储存 ·· 153
8.2.2 氢气运输 ·· 154
8.3 加氢站 ·· 155
8.3.1 加氢站建设要求 ·· 155
8.3.2 加氢站组成 ·· 156
8.3.3 加氢站平面布置 ·· 157
8.3.4 站控系统 ·· 159
8.4 加氢设备 ·· 160
8.4.1 加氢机 ·· 160
8.4.2 加氢口接口形式及要求 ·· 162
8.4.3 35MPa 及 70MPa 加氢通信要求 ····································· 163
8.4.4 加氢枪的相关要求 ·· 165
思考题 ··· 166
参考文献 ··· 166

第1章 概　　述

1.1 燃料电池电动汽车发展历程

早在 1839 年，英国人 William Grove 就提出氢和氧反应发电的原理，这便是最早的氢-氧燃料电池。直到 1889 年，两位研究者 Charles Langer 和 Ludwig 才创造了术语"燃料电池"，并制作了第一个实用的燃料电池。燃料电池电动汽车的研发始于 20 世纪 90 年代的欧美，21 世纪初，以福特、通用等为代表的车企纷纷推出了原型样车，并进行了小规模的示范应用，验证了燃料电池技术应用于汽车领域的可能性。2001 年 11 月，美国发布《2030 年及以后美国向氢经济转型的国家愿景》，掀起了燃料电池电动汽车的研发热潮。美国能源部于 2002 年 1 月 9 日提出 Freedom CAR(Freedom Cooperative Automotive Research) 计划，支持燃料电池电动汽车的研究开发。2006 年，福特汽车正式发布了其最新研发的燃料电池电动汽车 fuel cell explore（图 1-1）。该车采用了燃料电池加动力电池的混合动力系统，其中燃料电池系统的输出功率高达 60kW，再配备有输出功率为 50kW 的动力电池，汽车的动力性能得到极大提高。同时，70MPa 的高压储氢设备使得 fuel cell explore 汽车的续驶里程高达 560km。美国通用公司 2007 年秋季启动了 Project Driveway 计划，将 100 辆雪佛兰 Equinox 汽车（图 1-2）投放到市场，截止到 2009 年总行驶里程达到了 160 万 km。通用汽车于 2009 年宣布开发全新一代燃料电池系统，与雪佛兰 Equinox 燃料电池系统相比，新系统燃料电池体积缩小了一半，质量减轻了 100kg，铂金用量仅为原来的 1/3，燃料电池的成

图 1-1　福特燃料电池电动汽车

本大幅度下降。

图1-2　雪佛兰Equinox燃料电池电动汽车

2011年，戴姆勒-奔驰汽车公司推出了代表其最新研究的奔驰B级燃料电池电动汽车F-CELL（图1-3）。该车采用最新一代的燃料电池驱动系统，结构紧凑、使用安全，续驶里程能够达到400km。2017年法兰克福车展上，奔驰发布了全新氢燃料电池动力车型——GLC F-CELL（图1-4）。奔驰GLC F-CELL将燃料电池系统放在发动机舱，中部放置2个储氢罐，尾部则布置可充电的锂离子电池和驱动电机。车身中部的2个碳纤维储氢罐能够储存约4.4kg氢气，罐体由戴姆勒Mannheim工厂生产，罐体内部压力高达70MPa。储氢罐完全加满需要约3min。

图1-3　奔驰B级燃料电池电动汽车F-CELL

2014年，奥迪汽车公司于洛杉矶车展发布了A7 Sportback h-tron Quattro氢燃料电池技术型概念车（图1-5）。从静止加速到100km/h仅需7.9s，最高车速可达180km/h。在2016年北美车展上，奥迪h-tron Quattro（图1-6）氢燃料电池概念车首次亮相。奥迪h-tron Quattro搭载的是第五代氢燃料电池动力系统，其中前轮电机功率为90kW，后轮电机功率为140kW，0—100km/h加速时间小于7s，最高车速可达200km/h。该车可在4min内充满氢气，燃料加满时可以拥有600km的续驶里程。

图 1-4 奔驰燃料电池电动汽车 GLC F-CELL

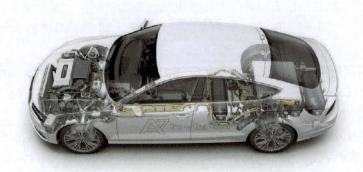

图 1-5 奥迪 A7 Sportback h-tron Quattro

图 1-6 奥迪 h-tron Quattro

从全球范围看,日本和韩国的燃料电池研发水平较为先进,尤其是丰田、日产、本田和现代汽车公司。丰田公司于 2008 年推出了 FCHV-Adv(图 1-7),该车实现了在 -37℃ 顺利启动,一次加氢续驶里程达到了 830km,百公里耗氢量为 0.7kg,相当于汽油 3L/(100km)。2013 年 11 月,丰田在第 43 届东京车展 2013 上,展出了计划在 2015 年投放市场的燃料电池概念车,作为技术核心的燃料电池组实现了当时公开的全球最高的 3kW/L 功率密度。该燃料电池系统去掉了加湿模块,不但降低了成本、整车质量和体积,还减少了燃料电池系统的热容量,有利于燃料电池在低温条件下迅速冷启动。2014年,丰田Mirai燃料电池电动汽车正式上市(图1-8)。动力方面,位于传统汽油车发动机位置的是一台电机,电机通过燃料电池生成的电力和来自驱动电池的电力进行驱动,可以提供113kW最大功率、335N·m最大转矩的动力输出,上方的PCU(动力控制装置)用来保证所有行驶工况下都能合理地控制燃料电池堆的输出功率和驱动电池充放电。该车的最高车速可以达到175km/h。同时,

图1-7 丰田FCHV-Adv燃料电池电动汽车

位于前排座椅下方的燃料电池是整个车辆的电力来源,其体积功率密度达到3.1kW/L,最大功率达到114kW。Mirai的续驶里程高达700km,加注氢气仅需3min。丰田计划在2020年前后将Mirai、氢燃料电池大巴等燃料电池电动汽车的销量扩大至每年3万辆以上。

和丰田汽车公司类似,日产汽车和本田汽车也投入巨资开展燃料电池堆和轿车的研发,2011年日产推出燃料电池堆,功率90kW,质量仅43kg。2012年,日产汽车公司研发的燃料电池堆体积功率密度达到了2.5kW/L。2016年3月,本田汽车公司推出了新一代燃料电池电动汽车Clarity(图1-9),整车功率达到103kW,最大转矩300N·m。燃料电池堆体积功率密度约为3kW/L,储氢容量为141L,可储存5.0kg的高压氢,仅3min左右就可充满,补充一次氢气可行驶约750km,最高车速175km/h。此外,本田汽车和通用汽车共同出资8500万美元成立燃料电池系统制造公司,并于2020年开始投入量产。

图1-8 丰田Mirai燃料电池电动汽车

图1-9 本田Clarity燃料电池电动汽车

韩国现代从2002开始研发燃料电池电动汽车,2005年采用巴拉德的燃料电池堆组装了32辆运动型多功能车(Sports Utility Vehicle,SUV),2006年推出了自主研发的第一代电堆,组装了30辆SUV和4辆大客车,并进行了示范运行;2009—2012年间,韩国现代开发了第2代燃料电池堆,装配100台SUV,开始在国内进行示范和测试,并对燃料电池堆性能进行改进;2012年,其推出了第3代燃料电池SUV和客车,开始全球示范;2013年,ix35FCV在现代汽车韩国蔚山工厂正式下线,成为世界上第一辆量产版氢燃料电池电动汽车(图1-10)。该车搭载了现代科研团队经14年时间、耗资数百亿元自主研发的100kW燃料电池,在全球率先进入燃料电池千辆级别的小规模生产阶段。该车的续驶里程为588km,

能够满足正常代步需求。同时车辆后部还配备有 2 个并联的 70MPa 储氢罐，可加载共计 5.64kg 的高压氢气，加注时间为 3~10min，NEDC（New European Drive Cycle，新欧洲行驶循环）工况续驶里程 588km，最高时速 160km/h。在 2018 年 CES Asia 2018 上，现代汽车以"未来氢社会"为主题，展示了最新一代 NEXO 氢燃料电池电动汽车（图 1-11）。动力方面，现代 NEXO 的整备质量相比以往的 ix35 燃料电池电动汽车整体减重 20%，同时搭载在现代 NEXO 的第四代氢燃料电池技术的动力效率提高 20%、燃料电池堆功率密度增加了 30%。这就使得其电机的最大功率达 120kW，峰值转矩为 395N·m，其 0—96km/h 加速时间为 9.5s，最高车速为 160km/h。新车一改此前 ix35 氢燃料电池电动汽车的双储氢罐设计，取而代之的是由 3 个相同尺寸储氢罐组成的储氢装置。通过对塑料内衬结构的创新设计等，使现代 NEXO 的储氢罐的容量达到了 156 L，比 ix35 氢燃料电池电动汽车的储氢罐减重了 13%，同时容量增加了 12%。NEXO 的 NEDC 工况续驶里程可达约 805km，其加注燃料的过程仅需 5min，与普通汽油车型不相上下。此外，新车的结构经过优化，在燃料电池堆中融入现代自主开发的 MEA（Membrane Electrode Assembly）和双极板，确保汽车能在 –30℃时顺利启动并降低成本。

图 1-10　现代 ix35FCV 燃料电池电动汽车

图 1-11　现代 NEXO 氢燃料电池电动汽车

在我国，上汽、宇通、安凯、中通等汽车公司均推出了功率不等的燃料电池商用车，并已成功实现了运营；在乘用车方面，我国较早涉足的仅有上汽荣威950燃料电池轿车（图1-12），具备"动力电池+燃料电池"双动力源，可实现纯电动、混合动力和制动能量回收等模式，同时具备外接电源慢充功能，实现了真正意义上的能源多元化。荣威950燃料电池轿车的最大续驶里程达430km，能在-20℃的温度下启动。近期发布燃料电池电动汽车乘用车样车的车企有武汉格罗夫和爱驰汽车（甲醇燃料电池电动汽车）、长城、广汽、奇瑞、吉利（甲醇燃料电池）等，它们规划3~5年内推出各自的燃料电池电动汽车车型。

图1-12　上汽荣威950燃料电池电动汽车

燃料电池电动汽车的动力源来自于燃料电池堆和配套的动力电池，燃料电池电动汽车产业链的核心在于其燃料电池系统（图1-13），其中系统又可分为燃料电池堆和BOP（Balance Of Plant）辅件，包括燃料电池堆关键材料（催化剂、质子交换膜和膜电极等方面）和关键系统配件（空压机、循环泵和增湿器等）等方面。

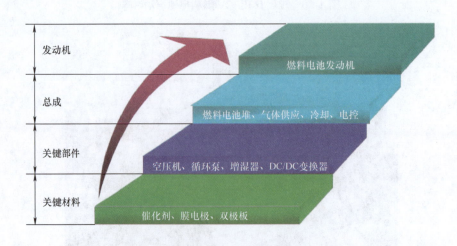

图1-13　燃料电池系统产业链

1.2 燃料电池电动汽车的分类及特点

燃料电池电动汽车按照驱动型式可分为纯燃料电池电动汽车和混合动力式燃料电池电动汽车以及基于纯电动衍生出的增程式燃料电池电动汽车三种类型。根据燃料电池是否直接与电机控制器相连，可以分为燃料电池直接驱动和间接驱动两种电驱动系统。质子交换膜燃料电池电动汽车按照能量来源划分可分为车载氢气和燃料重整两种方式，车载氢气的模式为通过加氢站加注氢气，车载储氢罐进行存储，然后通过管路给燃料电池供氢；燃料重整的模式为车载端加注甲醇或其他以液态为主的燃料，通过重整器在车内生成氢气，供燃料电池发电。

下文将着重根据驱动形式进行三种主流燃料电池电动汽车的介绍。

1.2.1 纯燃料电池电动汽车

纯燃料电池电动汽车整车动力系统系统的组成结构如图 1-14 所示，其动力系统结构中包括一个输出功率较大的燃料电池系统。燃料电池输出的电能经过 DC/DC 变换器传送到母线，最终传输给驱动电机。

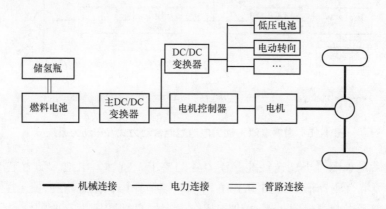

图 1-14 纯燃料电池电动汽车整车动力系统的组成结构

纯燃料电池电动汽车主要依靠燃料电池发动机提供电能。但由于燃料电池电堆存在动态响应性能较差等问题，因此对燃料电池的性能提出了更高的要求，需要通过调整控制策略来满足车辆在短时间内的负荷快速变化（如急加速、上陡坡等高负荷、急减速等），从而保证整车的动力性能。此外，燃料电池无法进行反向充电，无法实现回收车辆在制动过程中产生的制动能量，会造成一定的能量浪费。

动力系统中，燃料电池是能量源，汽车的所有功率需求都由燃料电池承担。燃料电池系统将氢气与氧气反应产生的电能通过总线传给驱动电机，驱动电机将电能转化为机械能再传给传动系统，驱动汽车前进。整个系统结构简单，便于实现系统控制和整体布置；系统部件少，有利于整车的轻量化；较少的部件使得整体的能量传递效率高，从而提高了整车的燃料经济性。但是，汽车无法回收制动能量，动力系统对燃料电池的要求较高；燃料电池需要提供所有工况的功率需求，要求燃料电池的功率较大，为了减少整车成本，燃料电池必须有较低的价格；为了提高整车的经济性，燃料电池应在较大的输出范围内有较高的效率；燃料电池应具有较快的动态响应和较好的冷起动性能。

1.2.2 混合动力式燃料电池电动汽车

混合动力式燃料电池电动汽车，可以采用动力电池、超级电容器等作为辅助动力源。采用"燃料电池+动力电池"混合驱动燃料电池电动汽车动力系统结构，如图1-15所示。该系统中燃料电池与动力电池共同为驱动电机提供能量，电能经过电机转化成机械能经给传动系驱动汽车行驶。制动时，电机处于发电模式，动力电池可以回收储存回馈的能量。在燃料电池和动力电池共同工作时，燃料电池输出平均功率，多余的功率需求由动力电池来分担。此时，冷启动性有所提高，燃料电池可以工作在高效区，整车成本有所降低。然而，这种结构增加了动力电池组的数量，导致整车自重增加，系统变得复杂，增加了整车的布置难度，进而影响到动力性和经济性。

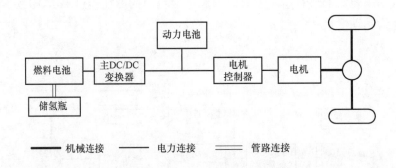

图1-15 燃料电池+动力电池型混合动力式汽车动力系统

此外，为满足车辆对于加速性能等动力性的要求，将燃料电池、动力电池和超级电容器三者并联形成混合驱动形式，如图1-16所示。该拓扑结构是在电压总线上再并联一组超级电容器，实现了燃料电池高能量密度和超级电容器高功率密度有效的结合，同时，也可以提高动力电池用于驱动时辅助能量的发挥。当需要更大辅助能量时，超级电容器也可以有效解决单一利用动力电池的局限性，从而延长了整个系统的使用寿命，有利于整个燃料电池混合动力汽车的动力性能的充分发挥。但是，由于超级电容器的存储能量有限，只可以提供峰值功率大约1min的时间。同时拥有三个蓄能装置会导致整车的质量增加、成本提高，而且控制起来也不太容易实现，因此，市场上很少应用这种混合驱动模式。

1.2.3 增程式燃料电池电动汽车

增程式燃料电池电动汽车，结构相对较简单，是在纯电动汽车的基础上发展出来的一种，其在纯电动汽车的基础上增加了一套燃料电池发动机，目的是增加汽车的续驶里程，从而有效地解决纯电动汽车行驶路程较短、续航能力不足、充电周期比较长的问题。其拓扑结构如图1-17所示，增程式电动汽车有不同于其他混合动力模式的鲜明特点，与插电式混合动力汽车有着明显的差异，但仍通常被人们混淆在一起，难以区分。插电式混合动力汽车由传统混合动力车发展而来，纯电驱动模式下，不能满足全工况动力要求。然而，增程式电动汽车源自纯电动汽车，纯电驱动模式下，能够像电动汽车一样满足全工况动力要求，只有当动力电池电量过低时，增程器才开始工作，为动力电池充电或作为驱动源之一驱动车辆。

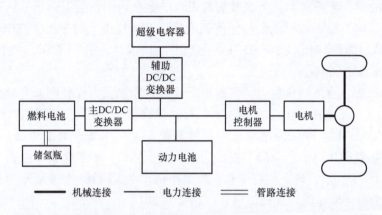

图1-16　燃料电池、动力电池和超级电容器型混合动力汽车动力系统

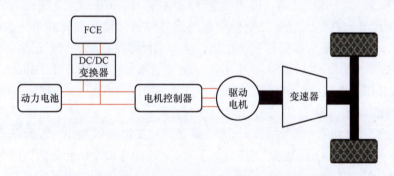

图1-17　增程式燃料电池电动汽车动力系统拓扑结构图

增程式燃料电池电动汽车采用动力电池和燃料电池相结合的双动力源汽车，其中动力电池作为车辆的主要驱动力，燃料电池作为辅助动力源。当动力电池电能不足或者电能降低到一定程度时，增程设备根据预先设定的策略开始工作。燃料电池发动机作为整车动力系统增程器充当备用能源角色，当动力电池电能不足或输出功率难以满足工况需求时，增程器开始工作，为动力电池充电或直接驱动车辆，从而增加车辆的续驶里程。因此，增程式电动汽车具备纯电动汽车经济、环保和动力性能良好等优点，同时在增程器的协助下又能够保证较长的续驶里程。

1.3　燃料电池电动汽车的发展趋势

为了寻找可替代的能源问题解决方案，许多国家将目光投向了清洁可再生的氢能和通过氢能发电的燃料电池，并纷纷制定了各项政策，赋予了氢能及燃料电池产业更高的战略地位。

1.3.1 国外燃料电池电动汽车的发展趋势

美国氢能和燃料电池行业起步较早，早在20世纪就已经进行了氢能和燃料电池的相关研发和商业化应用试验。美国能源部（DOE）提出的氢能和燃料电池商业化应用路线图是燃料电池发展的重要参考标准。美国政府对燃料电池在内的新能源公司提供资金支持和税收减免政策，其中，对于燃料电池和任何氢能基础设施建设实施30%~50%的税收抵免。2020年，美国联邦政府向能源部（DOE）燃料电池技术办公室（FCTO）拨款1.5亿美元，用于氢燃料技术及加氢基础设施研发。

日本人口密集、能源消费量大、资源匮乏、灾难频发，为保证能源安全，新型替代能源成为日本能源发展的唯一出路；同时，面对减少碳排放的压力，日本提出了2050年前CO_2排放量比1990年减少80%的目标，促使新能源替代传统能源成为必然选择。因此，日本把目光投向氢能并将推进氢能发展作为一项国家战略，不遗余力地全面推进氢能社会的建设。从2009年开始，日本政府便通过购置补贴、免费加氢、放宽行业标准、制定长期规划等手段，鼓励燃料电池产业的发展。根据日本2014年公布的《氢燃料电池战略发展路线图》，在2025年前的第一阶段，将快速扩大氢能的使用范围，以促进燃料电池的装置数量在2020年和2030年分别达到140万台和53万台；在2020—2030年的第二阶段，日本将全面引入氢发电和建立大规模氢能供应系统，将购氢价格降至30万日元/m^3；在2040年的第三阶段，将通过收集和储存二氧化碳，全面实现零排放的制氢、运氢、储氢。

欧盟2008年出台了燃料电池与氢联合行动计划项目（FCH-JU），2008—2013年共投入9.4亿元欧元用于燃料电池和氢能的研究和发展；2011年又启动"H2 moves Scandinavi"和欧洲城市清洁氢能项目（CHIC），出台CPT项目，投入1.23亿欧元建设77个加氢站。2016年，欧盟发布《可再生能源指令》等政策文件均提出将氢能作为能源系统的重要组成部分，并颁布了《燃料电池和氢能实施计划》，对交通产业和能源产业的氢能与燃料电池的应用进行重点扶持。

韩国燃料电池发展不论是在燃料电池电动汽车方面，还是在加氢站建设方面，都出台了雄心勃勃的发展规划。2018年8月，韩国政府就将氢能经济与人工智能、大数据并列为三大战略投资领域。随后发布了韩国"氢能经济发展路线图"，宣布韩国将大力发展氢能产业，引领全球氢能市场发展。

1.3.2 国内燃料电池电动汽车的发展趋势

在燃料电池电动汽车领域，随着氢燃料电池技术的突破、新能源汽车的快速发展以及国家对清洁能源的日益重视，我国开始加大对氢燃料电池领域的规划和支持力度，政策出台也越来越集中。2001年，我国确立了863计划中包括燃料电池在内的"三纵三横"战略，其中"三纵"即包括纯电动、混合电动、燃料电池电动汽车。2012年，国务院发布的《节能与新能源汽车产业发展规划（2012—2020）》，明确指出了开展燃料电池堆、发动机及其关键材料核心技术研究；继续开展燃料电池电动汽车运行示范，提高燃料电池系统的可靠性和耐久性，带动氢的制备、储运和加注技术发展。2015年9月，《中国制造2025》出台，将燃料电池电动汽车列为大力推动的重点突破领域，提出到2025年，制氢、加氢等配套基础设施基本完善，燃料电池电动汽车实现区域小规模运行。因此，我国要抓住新能源汽车战略性新兴产业培育和发展的政策机遇，发挥政策引导作用，聚焦重大、重点突破燃料电池电动汽车关键技术和共性技术，稳步推进燃料电池电动汽车技术进步。2016 年，国家能源局和国家发展改革委联合颁布《能源技术革命创新行动计划 2016—2030 年》和《能源技术革命重点创新路线图》，积极推动燃料电池电动汽车的示范运行和推广应用。2016 年 12 月，中国汽车工程学会组织研究编制的《节能与新能源汽车技术路线图》，制订了我国燃料电池电动汽车总体发展目标（表 1-1）。

表 1-1 我国燃料电池电动汽车总体发展目标

区分		2020 年	2025 年	2030 年
总体目标		在特定地区的公共服务用车领域小规模示范应用规模 5000 辆（累计）	在城市私人用车，公共服务用车领域实现大批量应用规模 5 万辆（累计）	在私人乘用车，大型商用车领域实现大规模商业化推广规模 100 万辆（累计）
		燃料电池系统产能超过 1000 套 / 企业	燃料电池系统产能超过 1 万套 / 企业	燃料电池系统产能超过 10 万套 / 企业
氢燃料电池电动汽车	功能要求	冷启动温度达到 $-30℃$，动力系统构型设计优化，整车成本与纯电动汽车相当	冷启动温度达到 $-40℃$，批量化降低整车购置成本，与同级别混合动力汽车相当	整车性能达到与传统内燃机汽车相当，具有相对产品竞争力和优势
	商用车	最高车速 $\geq 80km/h$ 成本 ≤ 150 万元	最高车速 $\geq 80km/h$ 成本 ≤ 100 万元	最高车速 $\geq 80km/h$ 成本 ≤ 60 万元
	乘用车	最高车速 $\geq 180km/h$ 寿命 20 万 km 成本 ≤ 30 万元	最高车速 $\geq 180km/h$ 寿命 25 万 km 成本 ≤ 20 万元	最高车速 $\geq 180km/h$ 寿命 30 万 km 成本 ≤ 18 万元
共性关键技术	燃料电池堆技术	冷启动温度 $<-30℃$ 比功率 $2kW/kg$ 或 $3kW/L$ 寿命达到 5000h 以上	冷启动温度 $<-40℃$ 比功率 $2.5kW/kg$ 寿命达到 6000h 以上	寿命达到 8000h 以上
	基础材料技术	高性能膜材料、低铂催化剂及金属双极板技术	高可靠性膜、催化剂及双极板技术	低成本膜电极、双极板技术
	控制技术	燃料电池优化控制技术	燃料电池高可靠性控制技术	燃料电池低成本、高集成化控制技术
	储氢技术	供给系统关键部件开发技术	供给系统关键部件高可靠性技术	供给系统关键部件低成本技术
		高压储氢技术和氢安全技术	储氢系统高可靠性技术	储氢系统低成本技术
关键零部件技术		高速无油空气压缩机，氢循环系统、70MPa 储氢瓶等关键系统附件的性能满足车用指标要求，系统成本低于 200 元 /kW		—
氢气基础设施	氢气供应	可再生能源分布式制氢；焦炉煤气等副产氢气制氢；高效低成本氢气分离纯化技术		可再生能源分布式制氢
	氢气运输	高压气态氢气储存与运输	低温液体氢气运输	常压高密度有机液体储氢与运输
	加氢站	100 座	350 座	1000 座

2020年，科技部启动了国家重点研发计划"可再生能源与氢能技术"重点专项，将重点突破质子交换膜、气体扩散层碳纸、车用燃料电池催化剂批量制备技术、空压机耐久性、高可靠性电堆等共性关键技术。国家能源局将氢能及燃料电池技术列为"十四五"时期能源技术装备重点任务。

从地域上来说，我国中东部沿海经济、技术实力较强的珠三角、长三角和北京等地区，聚集了我国燃料电池发展的主要企业。在短短的几年内，国内燃料电池的企业由几家发展到了现在的近千家，发展速度迅猛，形势大好。

在技术路线上，我国在燃料电池电动汽车领域的发展不同于丰田、现代的乘用车发展路线。国内综合燃料电池的特点，认为载货量大、行驶距离远且使用频率高的商用车是燃料电池电动汽车使用的最佳场景，提出了"商用车先行"的政策方针。因此中国燃料电池电动汽车企业主要分布在商用车领域，一批燃料电池商用车已实现量产。而燃料电池乘用车领域，国内尚处于示范运行阶段，其中上汽集团对燃料电池乘用车投入力度较大，2017年发布国内第一款商业化燃料电池轻型客车——大通V80。燃料电池叉车方面，我国已有东莞氢宇等企业布局。随着氢能市场的不断成熟，我国叉车市场将会是燃料电池另一个巨大的应用场景。

在技术形式上，现有的燃料电池电动汽车中，大部分都采用了大功率燃料电池堆加小容量动力蓄电池的模式，即燃料电池直接驱动的混合动力电动汽车。通用燃料电池电动汽车Equinox、本田FCX Clarity和丰田Mirai是代表此类混合动力的原型车。受到目前国内燃料电池零部件发展限制，国内燃料电池电动汽车的技术路线基本都集中在以小功率燃料电池配较大电量动力电池组的燃料电池间接驱动的混合动力汽车。随着燃料电池技术的成熟、燃料电池堆及相应系统的规模化推广和成本的下降，燃料电池直接驱动的混合动力电动汽车将成为未来的发展方向。

思考题

1. 燃料电池汽车经历了哪些发展阶段？
2. 燃料电池汽车有哪些类型及其特点？
3. 燃料电池汽车的发展趋势如何？

参考文献

[1] 王薛超，金茂菁. 燃料电池汽车国内外发展现状及对策建议[J]. 科技中国，2019，260（5）：14-16.

[2] 王刚. 燃料电池电动汽车动力系统匹配及仿真研究[D]. 武汉：武汉理工大学，2008.

[3] MOHRDIECK C，DEHN S. The Intelligent Fuel Cell, Plug-in Hybrid Drive System, of the Mercedes-Benz GLC F-Cell[J]. ATZelectronics worldwide, 2019, 14（4）: 18-25.

[4] 付甜甜. 丰田燃料电池车Mirai——未来[J]. 电源技术，2015，39（2）：229-230.

[5] ALEXEY S, IRYNA V Z, CHRISTOPHER G A, et al. Hot Topics in Alkaline Exchange

Membrane Fuel Cells[J]. Journal of Power Sources，375（JAN.31）：149-157.

[6] 山冈丈夫，彭惠民．本田公司推出新款燃料电池车[J]．汽车与新动力，2018（1）：20-26.

[7] 黄忠桥．燃料电池汽车研究现状及发展[J]．时代汽车，2017（9）：38-39.

[8] 田方，陈琳，耿志勇．燃料电池商用车技术路线研究[J]．汽车实用技术，2018（18）：34-35.

[9] 秦孔建，高大威，卢青春，等．燃料电池汽车混合动力系统构型研究[J]．汽车技术，2005（04）：26-29.

[10] 焦建刚．燃料电池电动汽车技术详解（一）[J]．汽车维修与保养，2016（10）：97-99.

[11] 张来云．增程式燃料电池汽车动力系统匹配及能量管理策略研究[D]．上海：华东理工大学，2016.

[12] KANG S，MIN K. Dynamic simulation of a fuel cell hybrid vehicle during the federal test procedure-75 driving cycle[J]. Applied Energy，2016，161（1）：181-196.

[13] 江玥，李涛，张哲，等．燃料电池汽车动力系统仿真分析及控制策略研究[J]．数字制造科学，2019（2）：136-141.

[14] 张微，董铭君，郑志强，等．增程式燃料电池电动汽车动力系统设计研究[J]．汽车实用技术，2019（23）：1-4.

[15] 刘萌．电动汽车动力系统仿真技术研究[D]．济南：山东大学，2013.

[16] 胡庆松．增程式燃料电池动力系统参数设计和能量管理策略的研究[D]．郑州：华北水利水电大学，2019.

[17] 沈浩明．中国氢燃料电池汽车产业发展研究[J]．上海汽车，2018（4）：35-39.

[18] 于占波．工信部：解读《中国制造2025》规划系列之推动节能与新能源汽车发展[J]．商用汽车，2015（6）：23-26.

[19] 宋显珠，郑明月，肖劲松，等．氢燃料电池关键材料发展现状及研究进展[J]．材料导报，2021，34（Z2）：1-5.

[20] 邵志刚，衣宝廉．氢能与燃料电池发展现状及展望[J]．中国科学院院刊，2019，34（4）：469-477.

第2章 燃料电池及其系统组成

2.1 燃料电池的发展历程

能源短缺、环境污染、气候变暖是全球能源领域面临的共同挑战。进入21世纪以来，随着石油、煤炭等不可再生能源的日趋枯竭，环境污染日益严重，节能与环保已成为世界各国亟待解决的两大问题，同时也促进了城市交通向着清洁、高效和可持续发展的方向发展。

燃料电池是高效利用氢能的新能源发电装置，被公认为是继火电、水电和核电之后的第四代发电技术，可用于新能源汽车、备用电源、水下电源、航空电源、固定电站、便携式电源等诸多领域。燃料电池作为车辆的动力来源，其同时兼备无污染、高效率、适用广、低噪声、可快速补充燃料等优点，被公认为是替代传统内燃机的最理想的动力装置。全世界各发达国家及各大汽车公司都非常重视燃料电池的研究开发，美国时代周刊甚至将燃料电池列为21世纪即将改变人类生活的十大科技之首，燃料电池技术将成为21世纪汽车工业竞争的焦点。

早在1839年，William Grove已经发现通过反向水的电解即可产生电。直到1889年两位研究者Charles Langer和Ludwig才创造了术语"燃料电池"，并制作了第一个实用的燃料电池。然而到了20世纪初期，内燃机的出现彻底压制了燃料电池技术的发展。

1932年，Francis Bacon成功研制了第一台燃料电池装置。该装置含有用碱性电解液和镍电极构成的氢氧燃料电池，其中有Mond和Langer所采用的廉价的起触媒作用的替代物。由于一些实质性的技术困难，直到1959年，Bacon和公司才首次示范其实用的5kW燃料电池系统。Harry Karl Ihrig在同一年展示了当时令人满意的装备有20hp（1hp=745.7W）的燃料电池牵引车。

在20世纪50年代后期，美国国家航空航天局（NASA）也开始制造应用于太空飞行任务的紧凑型发电机，并且不久就为涉及燃料电池应用技术的数百个研究合同提供资金。在成功供电给几个太空飞行任务后，燃料电池在航天计划中已具有重要的作用。1959年，培根制造出能够工作的燃料电池，并利用该技术制造了一部5kW的燃料电池焊接机。同年，Allis-Chalmers公司也推出了第一部以燃料电池为动力的农用拖拉机。

20世纪60~80年代，燃料电池的使用依然主要以航天为主，在汽车领域并没有太多的应用，直到90年代，燃料电池开始受到汽车领域的关注。1991年，罗杰·比林开发出世界上首个用于汽车的氢燃料电池。1993年，加拿大Ballard电力公司展示了一辆零排放、最高车速为72km/h、以质子交换膜燃料电池（PEMFC）为动力的公共汽车样车，引发了全球性燃料电池电动汽车的研究开发热潮。1994 年，世界上第一辆燃料电池电动汽车——奔驰 NECAR 1 问世。从此各家车企纷纷投入到燃料电池的研发当中，引发一起新的热潮。

在最近 10 年间，燃料电池得到了飞速发展，国内外一些主流的汽车企业都推出了燃料电池电动汽车车型。燃料电池电动汽车已进入了产业化发展初期阶段，国外各大整车企业纷纷建立产业联盟，公布了燃料电池电动汽车的量产计划。未来数年是燃料电池电动汽车产业由技术研发转向产业化竞争的关键窗口期。

2.2 燃料电池的原理与分类

2.2.1 燃料电池的工作原理

燃料电池是一种将化学能直接转化为电能的能量转换装置。其单体电池是由电池的正极（即氧化剂发生还原反应的阴极）、负极（即还原剂或燃料发生氧化反应的阳极）和电解质构成，燃料电池与常规电池的不同之处在于，它的燃料和氧化剂不是储存在电池内，而是储存在电池外部的储罐内，不受电池容量的限制，工作时燃料和氧化剂连续不断地输入电池内部，即可连续不断地输出电能，同时排放出反应产物。因此，燃料电池是名副其实的能量转换机器，而并非能量储存容器，从工作方式来看，燃料电池系统比较类似于汽油或柴油发电机。燃料电池的基本工作原理如图 2-1 所示，燃料和氧化剂持续且独立地提供给电池的两个电极，并在电极处进行反应。燃料供给阳极，依靠催化剂，电子从燃料中释放；在两电极间电位差作用下，电子经外电路流向阴极，而正离子经电解质到达阴极，在阴极处，正离子与氧和电子结合，产生水。

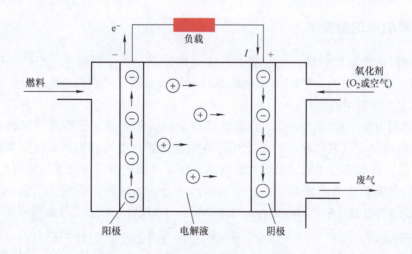

图 2-1 燃料电池的基本工作原理

燃料电池中的化学反应与蓄电池中的化学反应类似。燃料电池的热力学电势与反应中释放的能量和转移的电子数密切相关。在每一个化学反应中，都会产生一些熵，正是由于该原因，燃料的能量有一部分不能转换为有用功——电能。燃料电池中可转换为电能的部分反应焓对应于吉布斯自由能，可由下式确定：

$$\Delta G = \Delta H - T\Delta S \tag{2-1}$$

式中，ΔG 为反应中吉布斯自由能的变化；ΔH 和 ΔS 分别为反应的焓变化和熵变化。表 2-1 给出了氢在氧化过程中的焓、熵与吉布斯自由能。

在可逆反应中，ΔG 可完全转换为电能，即

$$\Delta G = -nFE_0 \tag{2-2}$$

式中，n 为反应中转移的电子数；F 为法拉第常数；E_0 为燃料电池的可逆电压。燃料电池的可逆电压可表示为

$$E_0 = \frac{-\Delta G}{nF} \tag{2-3}$$

表 2-1　25℃时氢在氧化过程中的焓、熵与吉布斯自由能

	$\Delta H/(kJ \cdot mol^{-1})$	$\Delta S/(kJ \cdot mol^{-1} \cdot K^{-1})$	$\Delta G/(kJ \cdot mol^{-1})$
$H_2 + \frac{1}{2}O_2 \rightarrow H_2O(l)$	-286.02	-0.1633	-237.34
$H_2 + \frac{1}{2}O_2 \rightarrow H_2O(g)$	-241.98	-0.0444	-228.74

2.2.2　燃料电池的分类

1）按燃料电池发展分类。把磷酸燃料电池称为第一代燃料电池，把熔融碳酸盐燃料电池称为第二代燃料电池，把固体氧化物燃料电池称为第三代燃料电池。这些电池均需用可燃气体作为其发电用的燃料。

2）按燃料电池工作温度分类。把碱性燃料电池、固体高分子型质子膜燃料电池和磷酸盐型燃料电池称为低温燃料电池；把熔融碳酸盐型燃料电池和固体氧化型燃料电池称为高温燃料电池，高温燃料电池又被称为面向高质量排气而进行联合开发的燃料电池。

3）根据电池所用电解质的类型，燃料电池可分为碱性燃料电池（Alkaline Fuel Cell，AFC）、磷酸燃料电池（Phosphoric Acid Fuel Cell，PAFC）、熔融碳酸盐燃料电池（Molten Carbonate Fuel Cell，MCFC）、固体氧化物燃料电池（Solid Oxide Fuel Cell，SOFC）、质子交换膜燃料电池（Proton Exchange Membrane Fuel Cell，PEMFC）以及甲醇燃料电池（Direct Methanol Fuel Cell，DMFC），后两者又称为聚合物膜燃料电池，各种燃料电池的特征见表 2-2。其中聚合物膜燃料电池中的质子交换膜燃料电池因具有低温快速启动、无电解液流失、寿命长、比功率与比能量高等优势而被认为是未来汽车工业可持续发展的重要方向。

表 2-2　几种燃料电池的主要特征比较

类型	碱性燃料电池（AFC）	磷酸燃料电池（PAFC）	熔融碳酸盐燃料电池（MCFC）	固体氧化物燃料电池（SOFC）	聚合物膜燃料电池（PEMFC、DMFC）
燃料	氢气	氢气	氢气、煤气、天然气、沼气等	氢气、煤气、天然气、沼气等	氢气、甲醇
氧化剂	氧气	空气、氧气	空气、氧气	空气、氧气	空气、氧气
电解质	氢氧化钾	磷酸盐基质	碳酸锂、碳酸钠碳酸基质	稳定氧化锆等薄膜或薄板	聚合物膜
催化剂	无	铂	无	无	铂
工作温度	80~230℃	150~220℃	600~700℃	800~1000℃	60~80℃
水管理	蒸发排水	蒸发排水	气态水	气态水	蒸发排水+动力排水
发电效率	60%	40%	45%~50%	60%	固定式35% 运输60%
发电能力	10~100kW	1~100kW	100~400kW	300kW~3MW	1kW~2MW
用途	太空用电源、军用电源、小型发电装置	分布式发电、废水处理厂、医院、应急电源	分布式发电、电力公司	辅助电源、电力公司、分布式发电	备用电器、移动电源、分布式发电、运输、特种车辆

2.3　质子交换膜燃料电池

2.3.1　质子交换膜燃料电池的原理与特点

质子交换膜燃料电池（PEMFC）阳极中的氢气以及阴极中的氧气分别在阳极催化层和阴极催化层内发生氧化反应和还原反应。图 2-2 是质子交换膜燃料电池的工作原理图。

在阳极中，氢气在催化剂的作用下分离成氢质子和电子。氢质子穿透过质子交换膜流向阴极，而电子则经由外电路从阳极转移到阴极：

$$H_2 \rightarrow 2H^+ + 2e^- \tag{2-4}$$

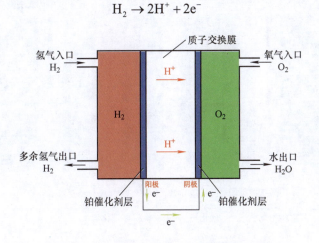

图 2-2　质子交换膜燃料电池的工作原理图

在阴极，氧气分子、从阳极经电解质到达阴极的氢质子以及电子在催化剂的作用下发生还原反应生成水：

$$\frac{1}{2}O_2 + 2H^+ + 2e^- \rightarrow H_2O \tag{2-5}$$

总的反应式为

$$2H_2 + O_2 \rightarrow 2H_2O \tag{2-6}$$

质子交换膜燃料电池又被称为聚合物膜燃料电池，在早期还被称为固体聚合物电解质燃料电池。由于该种电池具有低温、高效率、零排放而受到了极大的关注。

质子交换膜燃料电池的最大优势在于其工作温度，它的最佳工作温度在 60～80℃，在室温甚至更低的温度下仍可运行，所以特别适于用作交通车辆的移动电源。正因为如此，质子交换膜燃料电池最有希望替代内燃机成为汽车的动力源。现如今对于质子交换膜燃料电池的研究越来越多，无论是对电池本身，还是对电堆与车辆的动力匹配，都进行了比较深入的探索。

2.3.2 质子交换膜燃料电池的主要部件

质子交换膜燃料电池主要由膜电极和双极板组成，如图 2-3 所示。膜电极（Membrane Electrode Assembly，MEA）是燃料电池最核心的部件，是能量转换的多相物质传输和电化学反应场所，涉及三相界面反应、复杂的传质传热过程，直接决定了质子交换膜燃料电池的性能、寿命及成本。膜电极的结构主要包括气体扩散层（Gas Diffusion Layer，GDL）、催化层（Catalyst Layer，CL）、质子交换膜（Proton Exchange Membrane，PEM），其中 GDL 又通常由碳纸/碳布和微孔层（Microporous Layer，MPL）组合而成，通常将阴极 GDL 和 CL、阳极 GDL 和 CL 以及 PEM 组成的 MEA 称为"五合一"MEA，而将 MPL 算入组件的称为"七合一"MEA。MEA 的结构示意图如图 2-4 所示。

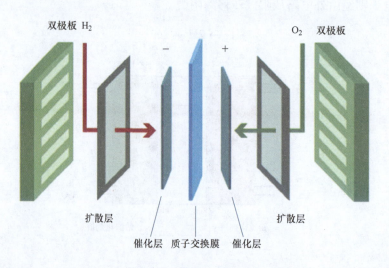

图 2-3　质子交换膜燃料电池结构示意图

图 2-4 MEA 的结构示意图

MEA 的制备工艺一直是 PEMFC 领域的核心技术，研制高性能、低 Pt 载量、长寿命的 MEA 对于加速 PEMFC 商业化进程具有非常重要的意义。近年来，广大研究人员参与 MEA 研制，并取得了丰富的研究成果。

（1）质子交换膜

燃料电池的膜必须具有相对较高的质子传导率，并且必须在燃料电池运行环境中保持化学和机械稳定。通常 PEM 燃料电池的膜由全氟磺酸（PSA）离子聚合物组成，其本质上是四氟乙烯（TFE）和不同全氟磺酸单体的共聚物。其中，四氟乙烯可提供机械强度和尺寸稳定性，而全氟磺酸可提供质子传输通道。虽然四氟乙烯具有高度疏水性，但位于聚合物末端的磺酸却具有高度的亲水性，这就是该材料能够吸收相对大量水的原因。H^+ 在水分充足的区域内移动可使得材料具有质子导电性。

（2）催化层

燃料电池的催化层实质上是一个位于膜和扩散层之间的催化剂薄层，化学反应在该层上发生。更确切地说，电化学反应发生在催化剂表面。因为有三种组分，即气体、电子和质子参与电化学反应，所以反应是发生在催化层表面三种组分均能到达的部分。电子通过导电物质（包括催化层本身）传导至外电路，因此催化剂颗粒应该在某种程度上与基板电气相连。质子通过离子聚合物（离聚物）进行传递，因此催化剂必须和离聚物紧密相连。气体通过空隙传输到催化剂表面，为保证气体流动到反应处，催化层和扩散层必须是多孔的。同时，反应产生的水要有效清除，否则，催化层将浸入水中进而阻止反应气体的进入。

（3）气体扩散层

催化层和双极板之间的结构称为气体扩散层。尽管气体扩散层并不直接参与电化学反应，但它在质子交换膜燃料电池中却具有重要的功能：它为反应气体从流场通道到催化层表面提供路径，使之进入整个反应区域；电化学反应产生的水通过扩散层排出燃料电池；给 MEA 提供机械支撑等。

在燃料电池组中，双极板将一个电池的阳极与相邻电池的阴极电气连接，因此双极板又称为双极集电板。双极板在燃料电池具有多个功能：将电池串联以实现电气连接；隔离相邻电池中的气体；为燃料电池反应物提供传输通道等。石墨是首次用于 PEM 燃料电池中的双极板材料之一，主要是因为它在燃料电池环境中展现出良好的化学稳定性。石墨本身是多孔的，显然这不利于在燃料电池中的应用。因此必须对石墨板进行浸渍。其次是金属板，金属板在燃料电池内部会被腐蚀且溶解的金属离子会扩散至离聚物中，从而导致离子导电性下降。所以，燃料电池目前较多采用复合双极板，它综合了石墨板和金属板的特性，具有良好的化学稳定性和较高的电导率。

2.3.3 质子交换膜燃料电池的工作特性

任何能量转换装置的效率都可定义为有用输出功率与输入总功率的比值。对于质子膜燃料电池而言，输入能量为氢气的焓值，即氢气的热值，而有用的输出能量为产生的电能。如果反应过程没有任何损失，或者说反应过程是可逆的，即所有的吉布斯自由能都转换为电能，那么燃料电池可能的最大效率为

$$\eta = \frac{\mu_f \Delta G}{\Delta H} \tag{2-7}$$

$$\mu_f = \frac{N_{H_2,cons}}{N_{H_2,cons} + N_{H_2,loss}} \tag{2-8}$$

式中，μ_f 为燃料的利用率，即燃料电池中实际所需燃料与实际供应燃料之比。

ΔG 和 ΔH 在 25℃ 的值见表 2-1。在燃料电池利用率为 1、氢气采用高热值时，燃料电池的最大可能效率为 82%，在氢气采用低热值时，燃料电池的最大可能效率达到了 94.5%。

式（2-7）和式（2-8）中的 ΔG 和 ΔH 同除以 nf，则燃料电池的效率可定义为两个理论电势之比：

$$\eta = \frac{\mu_f \dfrac{-\Delta G}{nf}}{\dfrac{-\Delta H}{nf}} \tag{2-9}$$

式中，$\dfrac{-\Delta G}{nf}$ 为燃料电池的理论开路电压；$\dfrac{-\Delta H}{nf}$ 为燃料电池的热平衡电势。表 2-3 给出了不同温度下的燃料电池的理论开路电压和最大效率值。

表 2-3　燃料电池在不同温度下的理论开路电压和最大效率值

产物形态	温度/℃	ΔG/(kJ·mol^{-1})	理论开路电压/V	最大效率值（%）
水	25	−237.3	1.23	83
水	80	−228.2	1.18	80
气	100	−225.2	1.17	79
气	200	−220.4	1.14	77
气	400	−210.3	1.09	74
气	600	−199.6	1.04	70
气	800	−188.6	0.98	66
气	1000	−177.4	0.92	62

图 2-5 所示为传统质子膜燃料电池运行时的极化曲线。极化曲线大致分为三个区域：活化极化区域、欧姆极化区域和浓差极化区域。在活化极化区域，电压下降较快，这些电压损失主要是电极表面较慢的化学反应动力学造成的。一部分电压在驱动电化学反应发生时被损耗掉，如图 2-5 中极化曲线的最开始一段所示，电压下降快，而且高度非线性。在欧姆极化区域，电压呈线性下降趋势，这部分电压损失是材料对电子和电荷移动固有的移动阻力而造成的，是必不可少的，如图 2-5 的中间段所示。在浓差极化区域，电压下降开始变快。这部分损失是电极表面反应物浓度变化引起的。在大电流密度时，由于反应物消耗快，反应物供给的速度小于反应物消耗的速度，导致电极表面反应物浓度降低，从而造成电压损失[19]。

燃料电池的效率主要与工作电压有关。当燃料电池工作电压高时，能量效率高，但功率较低。因此，必须做到对电堆设计的最优化，以达到在一定的电流密度下获得较高的工作电压，既得到大功率又得到高能量效率。通常燃料电池的设计针对最终产品的应用要求。例如，对燃料电池电动汽车用的电堆，要求高功率密度和低成本，这只有在大电流密度下才能实现；而对于地面固定发电站，就要求较高的能量效率和较长的工作寿命，这只有在高工作电压下才能实现。

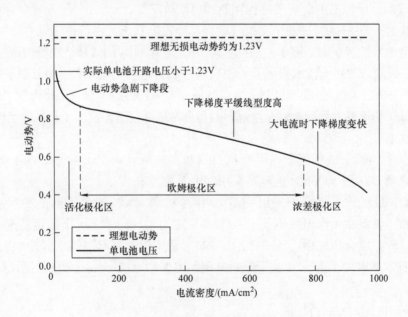

图 2-5 质子膜燃料电池运行极化曲线

2.3.4 质子交换膜燃料电池的性能

衡量燃料电池的性能以及对燃料电池与其他发电装置进行比较时，要用到一些技术指标或参数，包括电流密度、功率密度、防护等级、低温启动能力、寿命、成本和效率。

（1）电流密度

单个燃料电池的关键指标是电流密度，即单位电极面积上的电流强度（mA/cm²）。但需要说明的是，燃料电池的电流强度并不与电极面积成正比。其变化原因比较复杂，与燃料电池的类型和电池的设计等因素有关。

（2）功率密度

功率密度分体积功率密度、质量功率密度和面积比功率等，前两者对于燃料电池堆和系统皆适用，单位一般为 kW/L、kW/kg，面积比功率一般应用于燃料电池膜电极。功率密度针对燃料电池堆使用场合较多，定义为燃料电池堆的峰值功率除以燃料电池堆的体积（或质量）。

（3）防护等级

防护等级系统是国际电工委员会起草，将电器依其防尘防湿之特性加以分类。通常，在我国燃料电池系统产品参数里可以看到"防护等级 IP67"的说明。IP 防护等级由两个数字组成，第一个数字表示电器防尘、防止外物侵入的等级；第二个数字表示电器防湿气、防水浸入的密闭程度。两个数字越大，表示防护等级越高。

（4）低温启动能力

低温启动能力又称冷启动或低温环境适应能力（国内有标注：运行环境温度、工作环境温度），表示燃料电池从低于 0℃以下的外界环境中启动的过程。燃料电池低温启动能力的衡量指标有启动最低温度、启动过程耗能和启动时间等。

根据 GB/T 33979—2017《质子交换膜燃料电池发电系统低温特性测试方法》，低温启动过程为燃料电池系统从 0℃以下的冷态达到输出额定功率 90% 的过程。根据美国能源部（Department of Energy，DOE）技术报告，低温启动过程为燃料电池系统从 0℃以下的冷态达到输出额定功率 50% 的过程。我国针对低温启动使用普遍较多的指标有工作温度区间、环境温度区间、最低工作温度、最低存储温度等，并且通常最低存储温度低于最低启动温度。

（5）耐久性

耐久性又称寿命，表征燃料电池抵抗自身和自然环境双重因素长期破坏作用的能力，燃料电池寿命需要达到 5000h 才能满足车用动力系统要求。

美国 DOE 最新技术指标中提出到 2020 年净功率 80kW 的燃料电池堆和系统耐久性目标为 5000h，规定在工作温度不低于 80℃和指定耐久性测试工况下额定功率衰减不大于 10%。此外，欧盟联合研究中心（JRC）也发布了适用于燃料电池核心组件 MEA 的耐久性测试标准，日本 NEDO 也推出了关于燃料电池膜电极和电堆产品耐久性的测试标准。

2.4 燃料电池系统辅件

燃料电池系统包括燃料电池堆和燃料电池辅助系统，在外接氢源的条件下可以正常工作。其过程不涉及燃烧，无机械损耗，能量转化率高，产物仅为电、热和水，运行平稳，噪声低，具有巨大的应用潜力。本节重点介绍燃料电池系统的主要辅件。

2.4.1 空气压缩机

空气压缩机（简称空压机）的性能对燃料电池系统的效率、紧凑性等有着重要影响。

在其他条件相同的情况下,一个与燃料电池系统匹配程度高的空气压缩机往往能直接提升燃料电池的整体性能。如果燃料电池堆是燃料电池动力系统的"大心脏",那么空压机就是强劲的"肺",燃料电池系统的高性能输出需要强大的"心-肺功能"。目前空压机是国内除了燃料电池堆以外最为核心的关键零部件。燃料电池空压机可分为离心式、罗茨式、螺杆式、涡旋式、活塞式和滑片式等。全球各大燃料电池电动汽车生产商为空气供应系统选择的空压机类型也不尽相同。比如丰田2002款FCHV和2008款FCHV-adv燃料电池电动汽车搭载了涡旋式空压机,Mirai燃料电池电动汽车搭载六叶螺旋罗茨式空压机。本田公司Clarity燃料电池电动汽车用两级电动离心式空压机取代了螺杆式空压机。戴姆勒旗下最新GLC F-Cell燃料电池电动汽车采用离心式空压机,而在前几代中,A-class采取螺杆式空压机和膨胀机结合的形式,B-Class和F-Class采用螺杆式空压机。

1. 离心式空压机

离心式空压机在功率密度、效率和噪声等方面具有良好的总体效果,被视为未来最有前途的空气压缩方式之一。如图2-6所示,其主要工作原理为通过叶轮对气体做功,在叶轮和扩压器的流道内,利用离心升压作用和降速扩压作用,将机械能转化为气体的压力能。

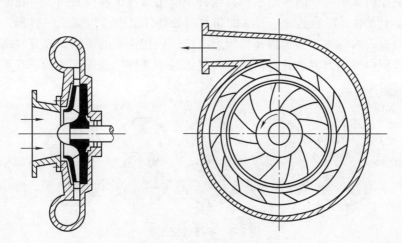

图2-6 离心式空压机

离心式空压机也有一些缺点,比如不适合气体流量太小及压比过高的场合,工作区较窄、经济性较差、效率较低等。传统内燃机动力系统匹配空压机往往工作在中等流量范围,工作范围较大;燃料电池用空压机工作范围窄且接近喘振边界。

2. 螺杆式空压机

螺杆式空压机可分为单螺杆式和双螺杆式。螺杆式空压机在气缸内装有一对互相啮合的螺旋形阴阳转子,两转子都有几个凹形齿,两者互相反向旋转,如图2-7所示。主转子又称阳转子或凸转子,通过发动机或电机驱动,另一转子称阴转子或凹转子,由主转子端和凹转子端的同步齿轮驱动。驱动过程中理论上没有金属接触。

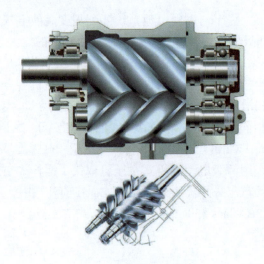

图 2-7 螺旋式空压机

3. 罗茨式空压机

罗茨式空压机属于容积回转压缩机，这种压缩机靠转子轴端的同步齿轮使两转子保持啮合。如图 2-8 所示，转子上每一凹入的曲面部分与气缸内壁组成工作容积，在转子回转过程从吸气口进入的气体，移到排气口附近与排气口相连通的瞬间，因有较高压力的气体回流，工作容积中的压力突然升高，然后将气体输送到排气通道。两转子互不接触，靠严密控制的间隙实现密封，故排出的气体不受润滑油污染。

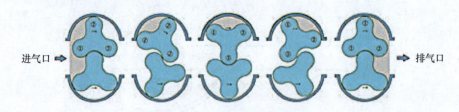

图 2-8 罗茨式空压机

罗茨式空压机的优势主要有：转速较低，不必使用结构复杂的空气轴承；高效运行区较宽；技术相对成熟。

4. 涡旋式空压机

涡旋式空压机是由一个固定的渐开线涡旋盘和一个呈偏心回旋平动的渐开线运动涡旋盘组成的可压缩容积压缩机。涡旋式空压机由两个双函数方程型线的动、静涡盘相互啮合而成，如图 2-9 所示。在吸气、压缩、排气工作过程中，静盘固定在机架上，动盘由偏心轴驱动并由防自转机构制约，围绕静盘基圆中心做很小半径的平面转动。气体通过空气滤芯吸入静盘的外围，随着偏心轴的旋转，气体在动静盘啮合所组成的若干个月牙形压缩腔内被逐步压缩，然后由静盘中心部件的轴向孔连续排出。

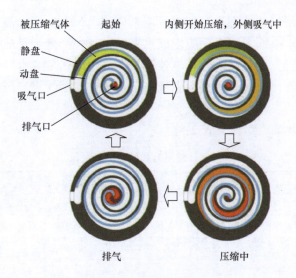

图 2-9 涡旋式空压机

5. 往复式空压机

往复式空压机(图 2-10)通过气缸内活塞或隔膜的往复运动使刚体容积周期变化并实现气体增压和输送,属于容积型空压机。根据往复运动构件的不同,分为活塞式空压机和隔膜式空压机。其主要优点如下:

① 热效率高、单位耗电量少。
② 加工方便,对材料要求低,造价低廉。
③ 装置简单。
④ 设计、生产早,制造技术成熟。
⑤ 应用范围广。

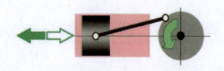

图 2-10 往复式空压机

其主要缺点如下:
① 运动部件多,结构复杂,检修工作量大。
② 转速受限制。
③ 活塞环的磨损、气缸的磨损、传动带的传动方式使效率降低很快。
④ 噪声大。
⑤ 控制系统落后,不适应联锁控制和无人值守的需要。

2.4.2　增湿器

燃料电池堆在工作过程中,水的形式和分布关系到电池内部反应气体的传质能力,进而影响电池的功率输出。当含水量达到饱和时,电解质膜的离子导电性较高,能提升燃料电池的整体效率。若水含量过高,会导致膜电极被水淹,增加燃料电池堆内部传质阻力,影响氧化剂的传输;若水含量过低,会影响质子交换膜内质子的传导效率,降低燃料电池堆的输出性能与使用寿命。因此,合适的水含量对燃料电池堆至关重要。

目前通常采取自增湿或外部增湿等手段用来调控燃料电池堆内部的水含量。自增湿是指燃料电池堆增湿的水全部由阴极反应生成水来提供。外部增湿目前常用的有焓轮增湿和增湿器增湿：焓轮增湿是通过吸收燃料电池湿热尾气中的热量与水分，对进入焓轮的空气进行加热增湿；增湿器增湿是利用燃料电池堆湿热的空气尾气对空压机压缩后的干燥空气进行增湿。

各种增湿方式的优缺点对比见表 2-4。

表 2-4 增湿方式的优缺点对比

增湿方式	自增湿	外部增湿	
		焓轮增湿	增湿器增湿
原理	增湿由电堆阴极生成水来提供	利用湿热尾气的水分对反应器加湿	利用出堆空气对入堆空气进行增湿
成本	无	低	高
控制	复杂	简单	简单
额外增重	无	大	小
效率	高	高	低
外接动力	无	有	无

由表 2-4 对比可以看出，外部增湿技术要求低，可控性强、增湿量大且增湿稳定，是现阶段燃料电池普遍采用的增湿方式。自增湿技术优势明显，可以简化系统结构，减少系统体积，同时降低了制造成本，被认为是未来主流的技术方向。

2.4.3 氢气循环装置

通过氢气循环方法，可以把燃料电池电堆内部生成的水带走，同时经过水气分离装置，将液态水排出，再通过氢气循环装置将氢气回流到燃料电池电堆重复使用，以提高氢气利用率，这样还可以使得燃料电池内部气体分布更加均匀，有效改善阳极堵水、氢气渗透等问题。各氢气循环装置的优缺点见表 2-5。

表 2-5 各氢气循环装置的优缺点

氢气循环装置形式	阳极闭端	引射器	氢气循环泵	引射器与循环泵并联
尺寸质量	优	优	中	中
振动噪声	优	优	中	中
成本	优	优	差	中
功率消耗	优	优	差	中
循环效果	无	差	中	优
工作范围	无	差	优	优

从表 2-5 中几种形式对比可以看出，阳极闭端氢气利用率差，燃料电池堆内部气体极易分布不均；引射器虽然可以实现氢气循环利用，但其工作范围窄，在小流量工况下效果差；氢气循环泵一般是容积式的流体泵，在循环较大流量的氢气时，要消耗较大功率，且

噪声较大，不易密封，并且还存在流通湿氢气腐蚀叶片、氢脆等技术难题亟待解决。综合考虑，采用引射器与氢气循环泵并联方式的氢气循环装置，减少了氢气循环泵对氢气循环量的要求，功率消耗、循环效果与成本均有了较大程度的提升，是大回流比氢循环装置的最优选择。

2.4.4 散热器及水泵

热管理系统主要由水控阀、水泵、去离子装置、冷却风扇、主副散热器组成。其中水泵根据燃料电池堆进出口冷却液温差控制冷却液供应至燃料电池堆，燃料电池堆下游的冷却液控阀通过控制主副散热器侧之间的流量，改变流经主散热器和副散热器的冷却液比例，进而控制冷却液温度使燃料电池堆在 70～80℃之间高效率发电。冷却风扇的作用是增大流经散热器的空气流速。去离子装置的作用是去除冷却液中融解的离子，降低冷却液电导率，保持燃料电池堆与其他部件电隔离。

散热器的作用是将冷却液的热量传递给环境，降低冷却液的温度。散热器要求散热量较大、清洁度高、离子释放率低，散热风扇要求风量大、噪声低、无级调速并需要反馈相应的运行状态。一般而言，在相同的车辆运行条件下，氢燃料电池的散热量比传统燃油发动机大 10%～20% 左右，但燃料电池系统的运行温度较低，与环境的温差较小，这导致了燃料电池对散热的要求相比传统燃油车高了很多。除了增加散热面积外，更优的散热器设计、更合理的进气格栅设计、更高的燃料电池堆效率都将有助于解决散热困难的问题。

水泵相当于燃料电池水热管理的"心脏"，它通过控制管路中冷却液的流速进而控制散热强度。为了保证电堆产生的热量能够快速有效地散发出去，水泵需要具备大流量、高扬程、绝缘以及 EMC（电磁兼容）表现好的特点。

2.5 其他辅件选型

2.5.1 储氢瓶

作为燃料电池电动汽车的核心部件之一的储氢瓶，与传统内燃机的油箱一样，是汽车上不可或缺的储能装置，但储氢瓶的制造生产工艺远比传统油箱复杂得多。现有的高压气态储氢瓶主要分为Ⅰ型、Ⅱ型、Ⅲ型、Ⅳ型四种，其中Ⅰ型和Ⅱ型储瓶的储氢密度低，且氢脆问题严重，车载储氢无法采用。Ⅲ型、Ⅳ型储氢瓶主要应用于加氢站和燃料电池电动汽车。另外还有一种Ⅴ型瓶，是无内胆纤维缠绕瓶，还在研发中。根据额定工作压力的不同，车载储氢瓶一般分为 35MPa、70MPa 两大类。几种高压气态储氢瓶的主要特点见表 2-6。

Ⅰ型和Ⅱ型瓶：Ⅰ型瓶是纯钢瓶，Ⅱ型瓶在Ⅰ型瓶的基础上增加了纤维树脂的包裹，提高了强度。Ⅰ型和Ⅱ型瓶目前仍有应用在一些固定式场所（比如固定式燃料电池电源或其他固定储氢场景），还有以氢气集装格的形式满足部分用氢场景。由于其发展历史较久，Ⅰ型和Ⅱ型瓶的工艺非常成熟。

表 2-6　四种高压气态储氢瓶的主要特点

类型	Ⅰ型	Ⅱ型	Ⅲ型	Ⅳ型
材质	纯钢制金属瓶	钢制内胆纤维缠瓶	铝内胆纤维缠绕瓶	塑料内胆纤维缠绕瓶
工作压力	17.5～20MPa	26.3～30MPa	30～70MPa	70MPa 以上
介质相容性	有氢脆、有腐蚀性	有氢脆、有腐蚀性	有氢脆、有腐蚀性	有氢脆、有腐蚀性
使用寿命	15 年	15 年	15/20 年	15/20 年
成本	低	中等	最高	高
车载应用	否	否	是	是

Ⅲ型瓶：主要用在燃料电池电动汽车上。由于车载应用对储氢装置的轻量化提出了更高的要求，这时才有了Ⅲ型瓶的出现。Ⅲ型瓶主要采用铝内胆，并进行了全瓶身的纤维与树脂复合材料的包裹（图 2-11）。包裹形式采用两极铺设或螺旋形铺设。Ⅲ型瓶可以满足当前燃料电池电动汽车上的高压氢气需求，分为 35MPa 和 70MPa 两种。图 2-12 为中材成都生产的Ⅲ型储氢瓶，其产品安全性高：内胆采用铝板拉深成型工艺，相比铝管成型，板材成型的内胆内外表面更光滑，内胆纤维之间紧密度更高，产品疲劳性能大大提高，且一致性好。

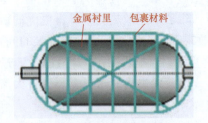
图 2-11　Ⅲ型瓶结构示意

图 2-12　中材成都Ⅲ型储氢瓶

Ⅳ型瓶：Ⅳ型瓶是为进一步降低储氢瓶的重量和成本而开发。Ⅳ型瓶的衬里由高分子塑料制成，比Ⅲ型瓶的铝合金衬里更轻，瓶身上由纤维树脂复合材料全包裹，如图 2-13 所示。瓶壁的厚度方面，Ⅳ型略薄于Ⅲ型瓶，储气压力与Ⅲ型瓶一致。目前 70MPa 的Ⅳ型瓶在燃料电池电动汽车上应用较广泛。图 2-14 为德国 NPROXX 公司生产的Ⅳ型储氢罐，与其他储氢罐相比其具有明显的优势：碳纤维增强结构具有出色的强度/刚度与重量比，可使公共汽车和载货汽车中的气体密封系统重量减少 450kg。

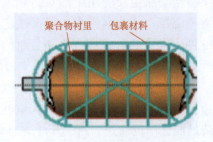
图 2-13　Ⅳ型瓶结构示意

图 2-14　NPROXX 公司生产的Ⅳ型储氢罐

2.5.2 储氢瓶瓶口阀和 PRD 阀等

储氢瓶瓶口阀、PRD 阀（图 2-15）等需要承受高压和温度冲击，氢气属于易燃易爆的危险化学品，其使用安全非常重要，因此瓶口阀的功能也很重要。瓶口阀上集成了电磁阀、手动截止阀、熔栓阀、温度传感器。瓶口阀共有四个进出口：其中一个为 PRD 口，出现异常情况时用于泄气；其余的一个进出口安装高压压力传感器，一个进出口用于车载氢气使用时的通路口；剩下的一个进出口作为备用，可以用堵头封住。熔栓阀的作用是当瓶周围温度到达该阀的设定温度值时自动熔断，起到打开瓶阀泄压的目的。这些设计充分保证氢气在车上使用时的安全性。目前我国所用的储氢瓶瓶口阀、压力释放装置（Pressure Release Device，PRD）阀基本完全依赖进口，但进口产品也不尽如人意，国产产品的可靠性还亟待提高。我国伯肯、舜华和科泰克等公司，正在积极开发相关产品。

图 2-15　储氢瓶瓶口阀和 PRD 阀

2.6　燃料电池堆控制单元

作为燃料电池电动车核心的燃料电池发动机系统主要由燃料电池堆、氢气供给系统、空气供给及增湿系统、冷却管理系统、安全报警系统、通信监控系统等组成。燃料电池堆必须在一定条件下才能高效稳定地工作，这些条件包括：控制合适的温度，保持质子交换膜始终处于湿润状态，供给充足的氢气和空气等。因此高适配性的燃料电池控制器（FCU）开发对燃料电池堆的应用至关重要。

燃料电池控制器用于实现对氢燃料电池发动机的管理控制，涉及各环节的管理、协调、监控和通信，以确保系统可靠和高效的运行。

① 气路管理：实现对燃料电池系统所需的氢气和空气的流量、压力、湿度和温度等进行合理精准控制。

② 水热管理：实现对冷却水路的循环、加温、散热以及空气和冷却液温度进行控制调节，提高燃料电池系统的功率以及运行的可靠稳定性。

③ 电气管理：实现燃料电池电堆电压和电流的检测，调节输出功率，并将燃料电压控制在合理区间，消耗关机残留电量，对电路进行保护控制等。

④ 数据通信：实现与其他系统进行通信，实现重要数据信息和控制的交互。

⑤ 故障诊断：实现对气路、水热、电气、通信系统各个方面进行故障诊断、警告、报警和保护等功能。

图 2-16 为优控新能源燃料电池控制器。

燃料电池发动机（Fuel Cell Engine，FCE）是一个涉及电化学、流体力学、热力学、电工学及自动控制等多学科的复杂系统。燃料电池控制器需要具备较强的运算处理能力和丰富的资源接口，才可以在系统运转过程中有效管理和协调各个参数和控制执行部件，保障电池系统长时间安全、稳定地发电。

图 2-16 优控新能源燃料电池控制器

思考题

1. 燃料电池有哪些类型？各有哪些特点？
2. 简述质子交换膜燃料电池的原理。
3. 简述质子交换膜燃料电池系统的构成。
4. 简述质子交换膜燃料电池堆的构成。
5. 燃料电池用空气压缩机有哪些要求？主要有哪些类型？
6. 储氢瓶有哪几种？目前常用的是哪种？

参考文献

[1] 黄维. 氢能——理想的新能源 [J]. 化学教育，1995（7）：5-8.
[2] WANG Y, CHEN K S, MISHLER J, et al. A review of Polymer Electrolyte Membrane Fuel Cells: Technology, Applications, and Needs on Fundamental Research[J]. Appl Energ, 2011, 88 (4): 981-1007.
[3] 欧阳明高. 汽车新型能源动力系统技术战略与研发进展 [J]. 内燃机学报，2008，s1：107-114.
[4] 田玫，孙丽荣，魏英智. 燃料电池发展的历史 [J]. 化学与粘合，1995（4）：224-226.
[5] 李海燕，顾震宇. 巴拉德动力系统公司竞争力状况浅析 [J]. 上海汽车，2011（11）：58-60.

[6] LARMINIE J, DICKS A. Fuel Cell Systems Explained, [M], 2nd Edition. Chippenham: Antony Rowe Ltd, 2003. 1-43.

[7] 张西子. 燃料电池的分类及应用 [J]. 科技致富向导, 2012 (16): 65, 36.

[8] 张华民, 明平文, 邢丹敏. 质子交换膜燃料电池的发展现状 [J]. 当代化工, 2001 (1): 7-11.

[9] 于景荣, 邢丹敏, 刘富强, 等. 燃料电池用质子交换膜的研究进展 [J]. 电化学, 2001 (4): 5-15.

[10] HSU W Y, GIERKE T D. Ion Transport and Clustering in Nafion Perfluorinated Membranes [J]. J Membrane Sci, 1983, 13 (3): 307-326.

[11] HOGARTH W H J, STEINER J, BENZIGER J B, et al. Spatially-resolved Current and Impedance Analysis of a Stirred Tank Reactor and Serpentine Fuel Cell Flow-field at Low Relative Humidity[J]. J Power Sources, 2007, 164 (2): 464-471.

[12] DONG Q, KULL J, MENCH M M. Real-time Water Distribution in a Polymer Electrolyte Fuel Cell[J]. J Power Sources, 2005, 139 (1): 106-114.

[13] 王诚, 赵波, 张剑波. 质子交换膜燃料电池膜电极的关键技术 [J]. 科技导报. 2016, 34 (6): 62-68.

[14] 王晓丽, 张华民, 张建鲁. 质子交换膜燃料电池气体扩散层的研究进展 [J]. 化学进展, 2006 (4): 507-513.

[15] HAN M, XU J H, CHAN S H, et al. Characterization of Gas Diffusion Layers for PEMFC[J]. Electrochimica Acta, 2008, 53 (16): 5361-5367.

[16] 张海峰, 衣宝廉, 侯明, 等. 质子交换膜燃料电池双极板的材料与制备 [J]. 电源技术, 2003 (2): 129-133.

[17] GASTEIGER H A, GU W, MAKHARIA R, et al. Beginning-of-life MEA Performance——Efficiency Loss Contributions [M]. New York: John Wiley & Sons Ltd, 2010.

[18] HUANG J, ZHANG J-B. Review of Characterization and Modeling of Polymer Electrolyte Fuel Cell Catalyst Layer: The Blessing and Curse of Ionomer [J]. 能源前沿（英文版）, 2017, 11 (3): 334-364.

第3章　燃料电池电动汽车动力系统及整车控制

3.1　燃料电池电动汽车动力系统

汽车动力系统是指将发动机产生的动力，经过一系列的传递，最后传到车轮的整个机械布置过程。燃料电池电动汽车动力系统主要由电力驱动系统、电源系统和辅助系统三部分构成。其中电力驱动系统的部件有电机、控制器、功率变换器、机械传动装置和车轮等。电源系统又包括燃料电池系统和动力电池系统，同时还有燃料电池控制器（FCU）和电池管理系统（BMS）。辅助系统则由辅助动力源、动力转向系统、制动系统等组成。

3.1.1　燃料电池电动汽车动力系统概述

为了解决燃料电池动态响应缓慢的问题，燃料电池电动汽车通常会集成具有快速充放电、能量回收与存储能力的能量存储装置（EES）一起形成混合动力系统，弥补燃料电池动态响应慢等缺点，同时实现能量回收。根据燃料电池功率与能量存储装置容量不同，燃料电池电动汽车又分为纯燃料电池式、混合动力式和增程式。纯燃料电池电动汽车只依靠单独的燃料电池来驱动整车，不使用其他的能量存储装置。混合动力式燃料电池电动汽车的燃料电池系统及能量存储装置作用基本持平，燃料电池系统可以满足大部分市区道路工况要求，能量存储装置负责高速工况和起步加速等工况要求。增程式燃料电池电动汽车的驱动功率主要由能量存储装置提供，作为主要动力源，而燃料电池作为延长续驶里程的增程器来使用。常用的能量存储装置系统由电池和/或超级电容器构成，针对不同的使用方式，可侧重考虑系统比能量、比功率和放电速度等参数。

表3-1和表3-2分别给出了部分燃料电池乘用车和客车的动力系统基本参数。从表中可知，在国际上，针对燃料电池乘用车，混合动力式燃料电池电动汽车是主流研究方向，使用大功率燃料电池的方式，燃料电池功率均在80~100kW，满足车辆日常行驶需求。在燃料电池客车领域，除丰田主张发展纯燃料电池电动汽车以外，多数厂商倾向于发展混合动力和增程式燃料电池客车。

图3-1为现代NEXO燃料电池混合动力汽车采用的动力系统和氢系统及其布局。现代NEXO动力系统中包括燃料电池发动机、驱动电机、减速器、供氢管路、氢气瓶组、高压动力蓄电池组、12V蓄电池、高压线束、功率变化模块（BHDC/LDC/DC-AC）、高压分线单元等。表3-3对各基本构成部件的主要用途进行了介绍。

第 3 章
燃料电池电动汽车动力系统及整车控制

表 3-1　部分燃料电池乘用车动力系统基本参数

	丰田 Mirai	现代 ix35	本田 clarity	日产 Xtrial	奔驰 F-CELL
车型图					
动力系统类型	FCHEV	FCHEV	FCHEV	FCEV	FCEV
车重	1850kg	2290kg	1890kg	1860kg	1718kg
车速	175km/h	160km/h	165km/h	150km/h	170km/h
0—100km/h 加速时间	9.6s	12.5s	9s	14s	11.3s
FCE 功率	114kW	100kW	103kW	90kW	100kW
FCE 体积/重量	37L/56kg	60L/—	34L/52kg	34L/43kg	—
FCE 功率密度	3.1kW/L 2.0kW/kg	1.65kW/L	3.1kW/L 2.0kW/kg	2.5kW/L	—
FCE 低温启动性能	−30℃	−30℃	−30℃	−30℃	−25℃
FCE 铂用量	20g	40g	12.5g	40g	—
FCE 耐久性	>5000h	5000h	—	—	>2000h
氢系统参数	122.4L,5kg	144L,5.6kg	141L,5.5kg	—	—
电机参数	113kW,335N·m	100kW,300N·m	130kW,300N·m	90kW,280N·m	100kW,290N·m
电池参数	1.6kW·h 镍氢电池	24kW·h 锂离子电池	锂离子电池	—	—
续驶里程	650km	594km	750km	500km	616km

表 3-2　部分燃料电池客车动力系统基本参数

	美国 Van Hool	美国 New Flyer	德国戴姆勒奔驰	日本丰田和日野
车型图				
动力系统类型	FCHEV	FCHEV	FCHEV	FCHEV
燃料电池功率	120kW	150kW	2×60kW	2×114kW
动力电池容量	17.4kW·h 锂离子	47kW·h 锂离子	26kW·h 锂离子	2×1.6kW·h 镍氢电池模组
电机功率或转矩	2×85kW	2×85kW	2×80kW	2×110kW 两个轿车电机
氢气气瓶	35MPa×8 个	35MPa×8 个	35MPa×7 个	70MPa×7 个
氢气罐	40kg	56kg	35kg	480L,18kg
耐久性	18000h	8000h	12000h	未公开
续驶里程	482km	482km	250km	未公开

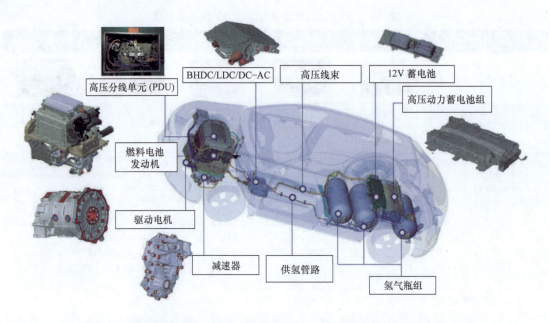

图 3-1　燃料电池电动汽车整车动力系统及氢系统基本组成（以现代 NEXO 为例）

表 3-3　燃料电池电动汽车整车动力系统基本构成部件的主要用途

部件	用途
燃料电池发动机	为整车提供电能
高压动力电池组	为整车提供电能，同时实现能量回收
驱动电机	为整车提供动力
减速器	增加电机到车轮的转矩
氢气瓶组	存储氢气燃料
LDC	实现高压到低压 12V 的转换
BHDC	实现动力电池、燃料电池和逆变器之间的电压匹配，同时主动调节燃料电池输出功率
DC-AC 变换器	驱动模式下：直流转换成交流驱动电机； 制动能量回收模式下：电机交流电转换为直流电，反充电池
高压分线单元（PDU）	将高压系统的电力分配给逆变器、低压 DC/DC 变换器、空调压缩机和其他系统
12V 蓄电池	为整车标准电子设备提供 12V 电力，如音频、仪表、控制器等
供氢管路	向燃料电池堆提供满足压力、流量需求的氢气
高压线束	主要应用配电盒内部线束信号分配，高效优质传输电能屏蔽外界信号干扰

3.1.2　燃料电池电动汽车动力系统常见构型

根据燃料电池电动汽车中所搭载的燃料电池堆与能量存储装置的功率大小以及能量控制模式的不同，可将燃料电池电动汽车的动力系统构型划分为以下六种，如图 3-2 所示。

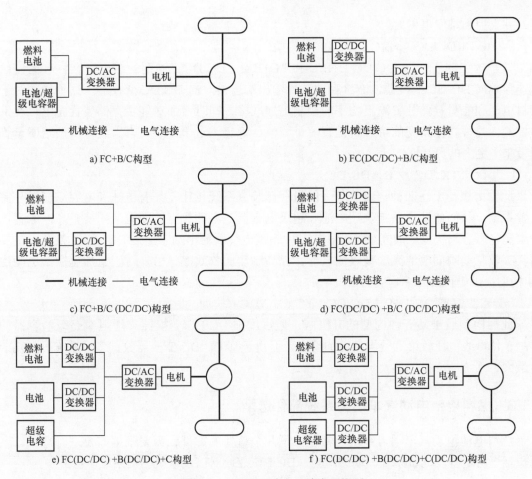

图 3-2 FCHEV 动力系统常用构型

（1）FC+B/C 构型

此种构型是上述 6 种构型最简单的一种，燃料电池和能量存储装置（电池/超级电容器）直接并联，未对燃料电池进行升压。此构型由于没有 DC/DC 变换器，因此能量损失小，效率高，但是燃料电池输出基本不受控，对于燃料电池的控制约束性不强，故选用此种构型的研究极少。

（2）FC（DC/DC）+B/C 构型

此种构型相对于 FC+B/C 构型而言，在燃料电池输出端连接了单向 DC/DC 升压变压器以增强对燃料电池输出功率的控制。此种构型目前非常流行，特别是在能量存储装置为电池或者超级电容器二者之一的构型中。因为此构型中的 DC/DC 变换器能非常容易通过控制燃料电池输出来实现能量分配，从而实现能量管理优化的多种目标，如提高燃料电池效率、提高系统效率或者延长燃料电池寿命等。

（3）FC+B/C（DC/DC）构型

与 FC（DC/DC）+B/C 构型相比较，此种构型将 DC/DC 变换器的位置从燃料电池输出端改为能量存储装置输出端，同时由单向 DC/DC 变换器变为双向 DC/DC，而燃料电池与直流母线直接连接。因为双向 DC/DC 变换器效率更低，所以此种构型的效率低于 T2 构型，并且控制难度也更大。

（4）FC（DC/DC）+B/C（DC/DC）构型

这种构型属于FC（DC/DC）+B/C和FC+B/C（DC/DC）构型的结合，燃料电池输出端连接单向DC/DC变换器，能量存储装置输出端连接双向DC/DC变换器。这种构型对于燃料电池和能量存储装置输出功率的控制更加准确，同时增强对能量存储装置充电工况下的控制。此种构型典型的特点就是直流母线电压稳定。对于控制而言，此种构型给能量管理带来了更多的灵活性。

（5）FC（DC/DC）+B（DC/DC）+C构型

此种构型与上述四种构型的单一能量存储装置系统相比，具有电池和电容双能量存储装置系统，从而使动力系统兼顾电池和超级电容器二者的优点，即电池比能量高，电容比功率高，但是系统也更加复杂。此种构型中超级电容器输出端未连接DC/DC变换器，主要用其吸收制动瞬间电池无法吸收的电能，提高制动回收效率，另外对于急加速功率也能比T4构型提供更快的功率响应。

（6）FC（DC/DC）+B（DC/DC）+C（DC/DC）构型

此种构型属于第五种构型的升级版，通过增加DC/DC变换器来增强对超级电容器的控制，使母线电压较第五种构型更加稳定。但由于其DC/DC变换器数量多，系统控制复杂度最大，系统功率损失最大。

3.1.3　燃料电池电动汽车动力系统部件选型

燃料电池电动汽车动力系统通常包含了几个重要的部件，需要根据需要进行选型，主要包括燃料电池发动机系统、动力电池、DC/DC变换器以及电机驱动系统。

1. 燃料电池发动机系统选型

在燃料电池电动汽车中，燃料电池发动机是最核心的部件之一，但是根据整车的使用工况和设计思路不同，其匹配的燃料电池发动机也不同，最主要的体现在所匹配的燃料电池发动机的输出功率不同。

（1）纯燃料电池电动汽车发动机选型

纯燃料电池电动汽车的动力基本上由燃料电池发动机提供。所选燃料电池的输出功率应该能够满足整车的最大需求功率；燃料电池发动机在满足了所需功率输出要求时，对其功率的加载率和卸载率也有了更高的要求。同时，当燃料电池运行在较大的功率输出工况下时，在遇到紧急情况需要切断燃料电池的输出时，由于燃料电池内部氢气和氧气的存在，多余的氢氧依然会继续发电，因此实现快速降载也是燃料电池发动机选型时考虑的因素之一。

（2）电电混合燃料电池电动汽车燃料电池发动机选型

电电混合燃料电池电动汽车，其设计思路中燃料电池依然是主要的电源，在车辆运行过程中，要求其尽可能地去跟随车辆运行的需求功率。但是，由于燃料电池发动机不需要满足整车运行中的所有工况，因此在这个系统中配备了电量较大的辅助电源，辅助电源可以为动力电池或者超级电容器或者动力电池+超级电容器等模式。在车辆运行过程中，燃料电池只需要根据车辆需求而跟随整车的需求功率变化,剩余部分由辅助电源来补充,因此所选的燃料电池能够满足整车运行的功率即可,对于加载及降载性能的要求可以较纯燃料电池电动汽车匹配的燃料电池发动机降低。

(3)增程式燃料电池电动汽车发动机选型

增程式燃料电池电动汽车,其构型和纯电动汽车类似,汽车上的主要电源为动力电池,动力电池需要满足大部分的运行工况。只有在动力电池电量达到一定限值的情况下,燃料电池才会启动给锂电池进行充电。因此,所选的燃料电池只要能够满足动力电池的充电需求即可,其输出功率一般在10~20kW。通常选择在效率最高的工况下运行,保证整车的燃料使用效率。

2. 动力电池选型

由于燃料电池发动机在变工况时的适应响应时间较长,在启动、加速、爬坡等大输出功率工况下存在动力输出延时等问题。此外,燃料电池发动机的采购和使用成本较高,因此目前设计开发的燃料电池电动汽车,从增程式到电电混合,都配有动力电池,起到主驱动或辅助的作用。

目前动力电池的种类很多,主要分为能量型动力电池、功率型动力电池以及能量功率兼顾型动力电池。针对目前主流开发的混合动力型燃料电池电动汽车,动力电池需要保证整车的动力性,即要求动力电池的大功率输出,因此燃料电池电动汽车上所用的动力电池更倾向于高功率密度的功率型电池。对动力电池的要求主要如下:

① 当整车有较大的功率需求时,能够大电流放电,待燃料电池响应跟上后放电电流迅速降低。

② 车辆进行制动时,可以在短时间内接受较大的制动回馈电流,即要具有瞬间大电流充放电能力。

③ 循环寿命长,能够满足车辆行驶周期内的频繁充放电要求。

3. DC/DC变换器选型

燃料电池动力系统目前动态性能差、不支持能量双向流动(不能吸收汽车制动过程中产生的电能)的特点,使得其还不能作为动力源完全独立地为车辆行驶提供动力。因此多能源匹配构成混合动力系统成为目前可行的方案。然而,各种辅助能量装置的电气特性往往有很大差异,如何使这种由各种能量装置构成的混合动力系统能够稳定、可靠、高效地工作,成为提高燃料电池电动汽车动力性能的关键问题。

燃料电池在输出功率变化时,其电压和电流的变化幅度较大。在混合动力系统中,较高的动力总线电压等级可以提高驱动系统的效率,减小驱动系统的体积及重量。因此燃料电池难以直接和电池并联使用,需要在燃料电池的输出端串联一个DC/DC变换器,对燃料电池的输出电压进行升压变换调节,使DC/DC变换器的输出电压和电池的工作电压相匹配。同时,由于燃料电池的响应速度较慢,DC/DC变换器还可以调控燃料电池的电流输出大小,防止燃料电池发动机出现较大的功率波动。

综上所述,在燃料电池动力系统中匹配的DC/DC变换器需要满足下列要求:

① 传递功率，调节功率变化率。通过 DC/DC 变换器，调节各电源的输出功率，以满足系统对能量和功率的需求，同时也要能够根据燃料电池的软特性调节功率变化率。

② 调节电流。通过 DC/DC 变换器调节燃料电池的输出功率。

③ 高效率。功率变换器要有较高的效率，尽可能减少自身的能量损耗。

④ 较快的响应速度。对于有动力电池或超级电容器回路串联 DC/DC 变换器的情形，当电池直接连接到直流母线上，直流母线出现瞬时大功率变化时，若变换器的响应速度跟不上，则超级电容器便不能及时平滑动力电池输出的峰值功率。此外，超级电容器需承担瞬时的大电流充放电来保护动力电池，因而同一支路的 DC/DC 变换器，需要承担大电流和瞬时电压的变化。

⑤ 为了提高电动汽车的能量利用率，需要将再生制动的能量回收到动力电池或超级电容器。因此，要求与超级电容器串联的 DC/DC 变换器必须是电流双向可逆的。

⑥ DC/DC 变换器还用于燃料电池的交流阻抗辨识，通过产生高频的扰动信号，帮助控制系统来辨识电堆里面的含水量。

⑦ 直接控制燃料电池的暖机工作电压。

⑧ 具有良好的电磁兼容性。

4. 电机驱动系统选型

电机驱动系统是燃料电池电动汽车的关键部件，直接影响车辆的功率及转矩输出特性，一般由驱动电机、变速耦合器、电压变换器、电机控制器及热管理系统等组成。其中驱动电机的作用是把电能转化为机械能。

电机驱动系统的选型是从整车动力性出发，依据整车的设计参数如最高车速、最大爬坡度、百公里加速时间以及经济性能等，通过理论计算来确定需要电机运行的功率和力矩，从而进行电机选型。

3.1.4 燃料电池混合动力汽车动力系统构型分析

以 2017 款丰田 Mirai 的动力系统作为案例进行分析。图 3-3 为丰田 Mirai 动力系统基本构成及其布局。同其他燃料电池电动汽车相比，丰田 Mirai 包含 114kW 燃料电池系统、1.6kW·h 的镍氢电池包、DC/DC 变换器和 DC/AC 变换器等功率电子气器件、驱动电机等。布置方面，丰田 Mirai 燃料电池堆及其单向升压 DC/DC 变换器位于驾驶舱地板中央区域下方；风冷的镍氢电池包位于后排座椅后方，这一布局和大多数丰田混合动力汽车类似；整车功率电子器件位于前机舱盖下方，紧挨着电机的交流变换器；驱动电机和空气压缩机均位于两前轮之间，并排放置。

图 3-4 展示了丰田 Mirai 的动力系统构型。1.6kW·h 镍氢电池组的电压平台为 245V，电池功率器件总线将电池组的电力分配给低压 DC/DC 变换器（LDC）、加热器、燃料电池水泵、氢气循环泵。114kW 燃料电池系统开路电压约为 315V，常用电压范围为 200~300V，其输出电压被单向升压变换器升压后并入总线。总线电压再经过交流变换器升压到 650V 平台供给 113kW 驱动电机以及燃料电池系统中的空气压缩机。

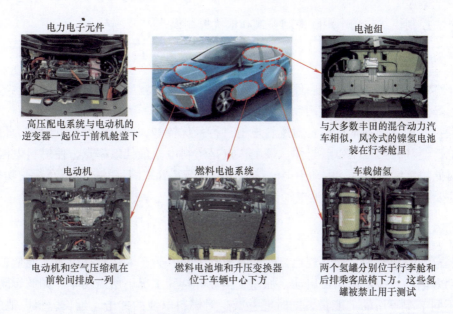

图 3-3 丰田 Mirai 动力系统基本构成及其布局

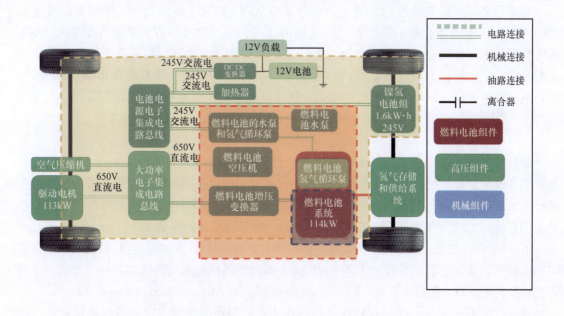

图 3-4 丰田 Mirai 动力系统构型

3.2 动力系统能量分配

3.2.1 能量分配策略模式

根据燃料电池电动汽车整车架构及使用的场景，其控制策略一般有三种控制模式可供使用：开关控制模式、功率跟随控制模式和最优控制模式等。

1. 开关控制模式

由于燃料电池不合适频繁启停，同时短时间内较大的频率变动会对燃料电池造成较大的冲击，降低燃料电池的性能下降，缩短使用寿命。

开关控制模式的基本思想：对燃料电池进行最优控制，即以最低氢气消耗为目标调节燃料电池，使其在某一工作点工作。该工作点是燃料电池最佳效率点，使燃料电池始终工作在相对低的氢气消耗区，由动力电池作为功率均衡装置来满足具体的汽车行驶功率要求，该模式主要适合增程式燃料电池电动汽车使用。

2. 功率跟随控制模式

燃料电池系统作为车辆常规运行时的主要动力源，为车辆运行提供所需能量；辅助动力源为动力电池，提供车辆在启动、加速、爬坡等特殊工况下所需功率。如此，既能保证车辆在不同工况下所需的能量，同时能够减少对燃料电池的冲击，延长燃料电池的寿命。该模式主要适用于纯燃料电池电动汽车和电电混合式燃料电池电动汽车。

功率跟随模式的基本思想：当动力电池荷电状态（SOC）在最低设定值与最高设定值之间时，燃料电池应在某一设定的范围内输出功率，输出功率不仅要满足车辆驱动要求，还要为动力电池组充电，该功率称为均衡功率（即对动力电池进行能量补充使其在最佳的SOC状态）。它有以下四种驱动模式：动力电池单独驱动模式、燃料电池单独驱动模式、燃料电池单独驱动并给动力电池充电模式、燃料电池和动力电池并联驱动模式。

3. 最优控制模式

最优控制策略有两种：一种为全局最优；另一种为局部最优（实时最优）。全局最优控制策略是根据能量系统的动态特性和整车的整体行驶工况，采用最优控制理论设计使得某个指标最优的控制策略。显然，这种控制策略对于特定的能量系统和行驶条件而言是严格意义上的最优，对于其他系统和工况则不是最优，典型的控制策略为 DP（Dynamic Programming）。局部最优控制一般是将不同能量源的电能全部转换成统一的等效燃料消耗率。控制策略根据每个能量源的效率图谱，计算当前工况下等效燃料消耗率最优的功率分配比例。目前研究较多的是等效消耗最小策略（Equivalent Consumption Minimization Strategy，ECMS）。

在最优控制算法下，燃料电池在运行过程中由燃料电池和动力电池一起提供能量，在满足运行工况的条件下，以氢气消耗量最少作为控制目标。通过折算的方法，将动力电池消耗的电能换算成氢气的消耗量，总的氢气消耗量为燃料电池的氢气消耗量和锂电池换算后的氢气消耗量之和。通过一定的控制算法来实时分配控制燃料电池和动力电池输出的功率，实现整车的氢气消耗最优化控制。

4. 能量管理策略的优化

燃料电池电动汽车的性能和效率与能量管理系统的能力息息相关，高效的能量管理系统不仅可以节省大量的能量，而且可以根据负载要求快速释放所需的能量。特别是当涉及两个以上的能量源时，混合动力系统需要更加注意诸如动态响应、电池荷电状态（SOC）、经济成本等问题。适当的能量管理策略能够使得燃料电池系统快速提供电力需求、延长元件的使用寿命、降低操作成本、优化系统性能，甚至可以提供技术上和经济上更多的可行选择。许多研究者对燃料电池电动汽车的能量管理问题进行了深入的研究。一方面侧重于解决燃料电池动态响应和经济优化等单侧问题，将其归结为单目标问题的能量管理，另一方面对燃料电池混合动力系统提出了综合解决方案，将其归结为多目标问题的能量管理。

3.2.2 动力系统能量分配控制架构及模式

图 3-5 所示的是一种典型的燃料电池电动汽车底层动力系统能量分配控制架构。车辆动力系统控制器根据驾驶员的操作，如加速或者制动踏板位置，以及电机输出功率、转速和转矩等计算动力系统需求功率，然后以某种能量分配策略对动力系统中各种能源装置的输出端 DC/DC 变换器的输出功率进行控制，从而实现控制目标，如提高系统效率、降低能耗或保护电源等。除控制能量的分配以外，燃料电池系统的运行也会根据整车控制器所计算的车辆需求功率而改变，如燃料电池系统本身的水循环、氢循环、热管理、空气供给等都与燃料电池本身的输出功率有关。

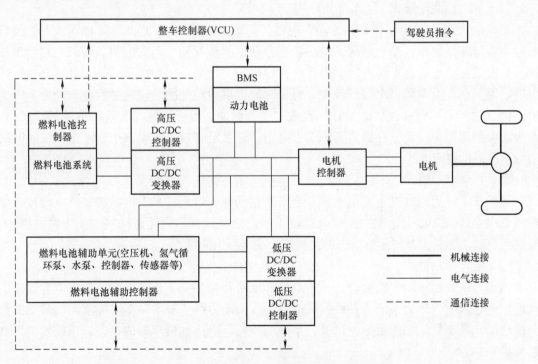

图 3-5 一种典型动力系统能量分配控制架构

该动力系统的基本运行模式包括纯电动驱动模式、再生制动模式、混合驱动模式、强制补充充电模式。图 3-6 是燃料电池混合动力系统不同运行模式下的能量流动方向示意图。

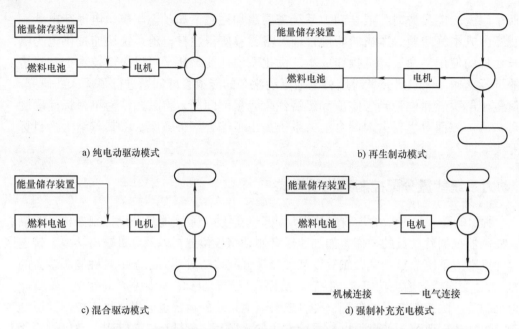

图 3-6 燃料电池混合动力系统不同运行模式下的能量流动方向示意图

（1）纯电动驱动模式

驱动能量来自能量存储装置（动力电池、超级电容器）。在此能量管理模式下，燃料电池不参与能量输出，动力系统的输出功率全部由能量存储（动力电池、超级电容器）提供。此模式在电电混合燃料电池动力系统构型中更为常见，因为能量存储（动力电池、超级电容器）在此类型构型中容量较大，可长时间提供稳定电能。而纯燃料电池动力系统构型则极少时间会运行在仅靠能量存储装置（动力电池、超级电容器）输出电能的模式下，因为功率型构型中，能量存储装置（动力电池、超级电容器）容量较小，不足以长时间向动力系统提供稳定电能。

（2）再生制动模式

该模式下动力电池处于充电状态。当车辆制动时，电机处于发电状态，其电能被存储在能量存储装置（动力电池、超级电容器）中。此模式在不同能量构型中均为常见模式。通过回收制动能量，系统运行效率极大提高，能耗极大降低。

（3）混合驱动模式

当动力系统需求功率较大时，燃料电池和能量存储装置（动力电池、超级电容器）同时输出电能以驱动动力系统。在此模式下，不同的动力系统需求功率对应不同的最佳能量分配比例。处于最佳的能量分配比时，系统的能耗可以达到最理想的状态，系统效率得到最大提升。

（4）强制补充充电模式

在此模式下，燃料电池为主输出模式，燃料电池负责向动力系统输出功率，当能量存储装置（动力电池、超级电容器）荷电状态低于允许输出下限时，燃料电池发动机可为能量存储装置充电，其充电功率取决于燃料电池额定输出功率与电机需求功率之差值。

3.2.3 典型动力系统能量管理分析

以某公司混合动力燃料电池电动汽车动力系统能量管理模式为例，对动力系统中燃料电池和电池组输出特性进行分析，动力系统功率分配有 4 种模式：

模式 1：当车辆需求功率负荷以较缓变化率至较大数值时，主要以燃料电池提供大部分电能，电池组弥补燃料电池无法覆盖的小部分瞬变需求功率，提供少量辅助。

模式 2：当轮边功率负荷以较快变化率增加时，因为燃料电池动态响应慢，故电池组需要提供更多的电能。

模式 3：在低负荷工况下，燃料电池系统输出功率仍然维持在 5kW 以上以提高燃料电池效率。若轮边需求功率小于燃料电池输出功率，那么多余的功率会充入电池组。

模式 4：在制动时，制动能量充入电池组，该车最大回收充电功率约 30kW（在 NEDC、UDDS、Highway、US06、最大加速度加速以及匀速工况下）。

在典型动力系统能量管理分析分析中，需测试不同工况下燃料电池发动机的运行特性，如不同工况下燃料电池输出功率的概率分布，并分析燃料电池输出功率高频区域的变化对运行效率的影响。如某车型，通常会将燃料电池运行在 10～20kW 功率段附近，此时燃料电池发动机系统效率最高。当工况的需求功率增大时，比如在 US06 工况下，燃料电池输出功率会向增大方向延伸，燃料电池会频繁工作在较高输出功率状态下，此时燃料电池系统中的空压机等附件也会消耗更多的电能，致使燃料电池系统的寄生功率增大，系统效率降低。例如在 US06 工况下，测试后发现燃料电池系统平均效率仅为 48.1%，远小于其他工况。

UDDS 工况实验后，动力电池组荷电状态会发生变化。如某车完成三次实验，每次实验的动力电池组初始荷电状态分别为 51%、59%、73%。不论电池组初始荷电状态如何，随着工况的运行，电池组荷电状态均会逐渐稳定在 60% 线波动。这一结果充分说明了对于混合动力型燃料电池电动汽车而言，电池组仅仅起到能量缓冲器的作用，补充燃料电池无法提供的短时峰值功率放电，同时吸收制动回收能量。因此对于电池组的能量管理，该公司的策略是尽力维持其荷电状态在 60% 左右，从而充分发挥其作为能量缓冲器的功能。在该公司汽车中，当电池组初始荷电状态较低时（如 51%），燃料电池会消耗更多的氢气以产生更多的电能回馈电池组，使电池组的荷电状态迅速恢复到 60% 水平并维持；当电池组初始荷电状态较高时（如 73%），能量管理策略会倾向于先释放锂离子电池的多余电量，当其荷电状态到 60% 以后，便进行电池组电量维持，此时燃料电池氢气消耗很少。

3.3 能量管理建模分析与控制

在燃料电池电动汽车中，车辆可以选择不同的运行模式。能量管理策略对于有效管理能量、延长燃料电池使用寿命、提高燃料电池使用效率、减少燃料消耗和延长汽车行驶里程是非常重要的。

实时能量管理策略可以有效地调节在复杂驱动条件下混合动力系统的能量流。首先，建立基于模糊控制和非线性控制的能量管理系统，以计算质子交换膜燃料电池的参考输出电流；然后，在 Simulink 环境下建立燃料电池电动汽车的物理模型，其中考虑制动和机械传动系统的能量损失；最后，比较所提出的两种能量管理策略在联合驱动循环工况测试条件下的性能。

3.3.1 燃料电池电动汽车动力系统建模

混合动力燃料电池电动汽车由质子交换膜燃料电池、升压 DC/DC 变换器、锂离子电池、带电机控制器的永磁同步电机等组成，如图 3-7 所示。能量管理策略通过监测混合动力系统的工作状态，包括质子交换膜燃料电池、锂离子电池和永磁同步电机的信号，来确定升压型 DC/DC 变换器的控制信号。以电压 - 电流关系的输入 - 输出为基础，并考虑其非线性特性，建立面向控制的混合电力系统非线性模型。将图 3-7 中的电气系统简化为图 3-8 中所示的面向控制的非线性模型。

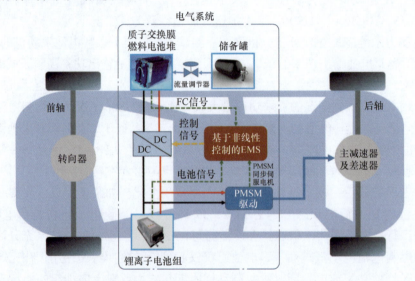

图 3-7 混合动力燃料电池电动汽车结构

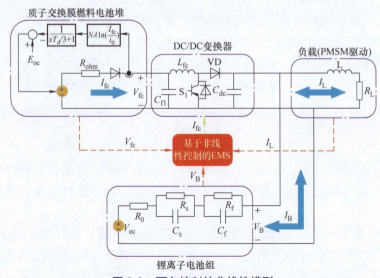

图 3-8 面向控制的非线性模型

1. 质子交换膜燃料电池模型

一般情况下，质子交换膜燃料电池的模型可以表示为

$$V_{fc} = E_{oc} - NA\ln\left(\frac{I_{fc}}{i_0}\right)\frac{1}{sT_d/3+1} - R_{ohm}I_{fc} \tag{3-1}$$

式中，V_{fc} 和 I_{fc} 分别为质子交换膜燃料电池的输出电压和电流；R_{ohm} 为内阻；E_{oc} 为开路电压；i_0 为交换电流；N、A、T_d 分别为片数、Tafel 斜率、反应时间。对于式（3-1）表示的燃料电池模型，在仿真时燃料电池作为动力源，能量管理系统状态只受燃料电池输出电压与电流的约束，并不涉及燃料电池内部的参数优化，因此选用此模型。

2. 锂离子电池模型

采用二阶 RC 模型表示锂离子电池。符号 V_{oc} 表示为与锂离子电池 SOC 相关的开路电压。因为欧姆电阻 R_0 的存在，所以锂离子电池的压降与电流 I_B 有关。V_f 和 V_s 为电化学极化电容器 C_f 和浓差极化电容器 C_s 的电压。R_f 和 R_s 分别表示电化学极化电阻和浓差极化电阻。锂离子电池端电压 V_B 为

$$V_B = V_{oc} - R_0 I_B - V_f - V_s \tag{3-2}$$

锂离子电池与开路电压与 SOC 的关系如下：

$$V_{oc} = K_0 + K_1 V_{SOC} + K_2/V_{SOC} + K_3 \ln V_{SOC} + K_4 \ln(1 - V_{SOC}) \tag{3-3}$$

式中，V_{SOC} 为锂离子电池 SOC；$K_0 + K_1 V_{SOC}$ 和 $K_2/V_{SOC} + K_3\ln V_{SOC} + K_4\ln(1-V_{SOC})$ 分别表示开路电压的线性和非线性部分。V_{oc} 的时间导数确定为

$$\dot{V}_{oc} = \frac{\partial f(V_{SOC})}{\partial V_{SOC}}\dot{V}_{SOC} = \left(K_1 - K_2/V_{SOC}^2 + K_3/V_{SOC} - K_4/(1-V_{SOC})\right)\dot{V}_{SOC} \tag{3-4}$$

锂离子电池的 SOC 可以根据锂离子电池的电流来计算：

$$V_{SOC} = V_{SOCint} - \frac{\eta_B \int_0^t I_B(t)\mathrm{d}t}{Q_n} \tag{3-5}$$

式中，V_{SOCint} 为初始电池荷电状态；Q_n 为锂离子电池的标称容量；η_B 为锂离子电池的充放电效率。因此，锂离子电池 SOC 的时间导数为

$$\dot{V}_{SOC} = -\frac{\eta_B}{Q_n}I_B \tag{3-6}$$

将式（3-6）代入式（3-4），可得

$$\dot{V}_{oc} = -\frac{\eta_B[K_1 + \Phi(V_{SOC})]}{Q_n}I_B \tag{3-7}$$

其中，$\Phi(V_{SOC}) = -K_2/V_{SOC}^2 + K_3/V_{SOC} - K_4/(1-V_{SOC})$ 为开路电压的非线性部分。

根据基尔霍夫电流定律,电容器 V_f 和 V_s 之间的电压动态关系为

$$\dot{V}_f = -\frac{1}{R_f C_f} V_f + \frac{1}{C_f} I_B \tag{3-8}$$

$$\dot{V}_s = -\frac{1}{R_s C_s} V_s + \frac{1}{C_s} I_B \tag{3-9}$$

3. 负载建模

将永磁同步电机简化为电感 L 以表示不确定度和电阻 R_L。为了描述负载的动态特性,理想的可控电流源 I_E 与负载电阻并联。基于基尔霍夫电压电流定律,负载电流的时间导数 $\dot{I}_L$ 和负载电流 I_L 表示为

$$\dot{I}_L = \frac{1}{L}(V_B - R_L I_L - R_L I_E) \tag{3-10}$$

$$I_L = I_B + (1 - d(t)) I_{fc} \tag{3-11}$$

其中,$d(t)$ 代表 DC/DC 变换器系统占空比。

4. 混合能量系统建模

质子交换膜燃料电池通过升压 DC/DC 变换器连接到直流母线。升压 DC/DC 变换器在电流控制模式下工作。在升压 DC/DC 变换器系统中,采用了高增益比例积分控制器,以确保升压 DC/DC 变换器的响应速度快于提出的能量管理策略。因此,可以通过调节质子交换膜燃料电池的输出电流 I_{fc} 来跟踪由非线性控制确定的质子交换膜燃料电池的参考输出电流 I_{fcref},故,$I_{fc}=I_{fcref}$,$1-d(t)=V_{fc}/V_B$。由式(3-11)可得

$$I_B = I_L - (1 - d(t)) I_{fc} = I_L - \frac{V_{fc}}{V_B} I_{fcref} \tag{3-12}$$

将式(3-2)和式(3-12)代入式(3-10),可得负载电流的时间导数 $\dot{I}_L$ 为

$$\dot{I}_L = -\frac{R_L + R_0}{L} I_L - \frac{1}{L} V_f - \frac{1}{L} V_s + \frac{1}{L} V_{oc} - \frac{R_L}{L} I_E + \frac{R_0 V_{fc}}{L V_B} I_{fcref} \tag{3-13}$$

将(3-12)代入式(3-7)~式(3-9),锂离子电池模型对 V_f、V_s 和 V_{oc} 的时间导数可表示为

$$\dot{V}_f = \frac{1}{C_f} I_L - \frac{1}{R_f C_f} V_f - \frac{V_{fc}}{C_f V_B} I_{fcref} \tag{3-14}$$

$$\dot{V}_s = \frac{1}{C_s} I_L - \frac{1}{R_s C_s} V_s - \frac{V_{fc}}{C_s V_B} I_{fcref} \tag{3-15}$$

$$\dot{V}_{oc} = -\frac{\eta_B [K_1 + \Phi(V_{SOC})]}{Q_n} I_L + \frac{\eta_B [K_1 + \Phi(V_{SOC})] V_{fc}}{Q_n V_B} I_{fcref} \tag{3-16}$$

3.3.2 模糊控制策略

基于模糊逻辑控制的能量管理策略可以保证质子交换膜燃料电池满足功率需求,同时将锂离子电池 SOC 保持在允许的范围内。模糊逻辑控制策略已广泛应用于能量管理。一般地,当负载功率高、锂离子电池 SOC 低时,质子交换膜燃料电池提供大量的电能;当负载功率低、锂离子电池 SOC 足够高并且可以为负载提供足够多的电能时,质子交换膜燃料电池提供少量的电能。因此,根据负载功率 P_L 和锂离子电池 SOC,基于模糊逻辑控制的能量管理策略来调节质子交换膜燃料电池的输出功率 P_{fc}。

锂离子电池 SOC 的隶属函数分为低、中、高三种。负载功率 P_L 的隶属函数为负大(NB)、负小(NS)、零(Z)、正小(PS)和正大(PB)。质子交换膜燃料电池的输出功率隶属函数是非常小(VS)、小(S)、中等(M)、大(B)和非常大(VB)。将负载功率、锂离子电池 SOC 和质子交换膜燃料电池输出功率的隶属函数的模糊域分别设置为 [-1, 1]、[0, 1] 和 [0, 1]。根据表 3-4 所列规则和利用模糊逻辑控制曲面如图 3-9 所示。

表 3-4 模糊逻辑控制规则

P_{fc}		P_L				
		NB	NS	Z	PS	PB
锂离子电池 SOC	低	M	M	M	B	VB
	中	VS	S	M	B	VB
	高	VS	VS	VS	S	M

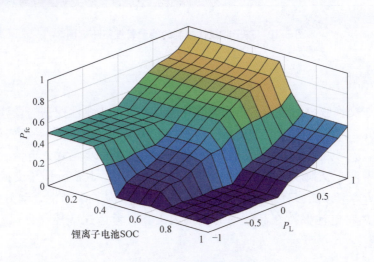

图 3-9 模糊逻辑控制曲面

3.3.3 非线性控制策略

基于非线性控制的能量管理策略如图 3-10 所示。该能量管理策略的输出参考电流是升压 DC/DC 变换器的输入参考电流,同时也是质子交换膜燃料电池的参考输出电流 I_{fcref}。I_L、

V_{fc}、V_B 和 V_{Bref} 作为非线性控制系统的输入变量，其设计思路如下：

① 利用式（3-17）和式（3-18）推导出式（3-19），这样可以得到燃料电池的参考电流 I_{fcref}。I_{fcref} 是系统中唯一的控制变量。但是燃料电池参考电流 I_{fcref} 中的参考负载电流 I_{Lref} 未知，因此由设计式（3-20）得到参考负载电流 I_{Lref}。

② 定义误差函数式（3-25），来得到闭环误差系统的状态空间方程式（3-26）～式（3-29）。这是后面证明系统稳定性的基础。

③ 式（3-30）和式（3-31）为自适应控制的自适应规律，其没有固定形式，可以根据研究需求设置。具体可参考文献 [40-41]。

④ 采用基于李雅普诺夫函数的方法，设计式（3-34）来证明闭环系统的稳定性，以保证 I_L、V_f、V_s、V_{oc} 和 I_E 跟踪其参考值 I_{Lref}、V_{fref}、V_{sref}、V_{ocref} 和 $\hat{I}_E$。

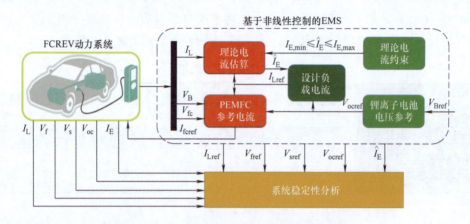

图 3-10 基于非线性控制的能量管理策略框图

1. 非线性控制

为确定质子交换膜燃料电池的参考输出电流 I_{fcref}，在非线性控制的设计中考虑了两个控制目标。首先，设定直流母线电压调节目标使直流母线电压 V_B 保持参考输出电压 V_{Bref}。在这一方面，直流母线电压 V_B 依赖于升压 DC/DC 变换器的参考输入电流，这需要通过非线性控制来调节质子交换膜燃料电池的参考输出电流 I_{fcref}。其次，质子交换膜燃料电池的参考输出电流 I_{fcref} 应该能够有效地跟踪参考负载电流 I_{Lref} 从而调节混合动力系统的能量流，使质子交换膜燃料电池保持在高效率的范围内工作。考虑这些控制目标，I_{fcref} 可以确定如下：

$$I_{fcref} = \frac{V_B}{V_{fc}}\left[I_{Lref} - \lambda(V_B - V_{Bref})\right] \qquad (3\text{-}17)$$

式中，λ 为一个恒定的正控制增益，并且要考虑权重 $(V_B - V_{Bref})$。

在图 3-10 所示的能量管理框图中，V_{fref} 和 V_{sref} 分别为 C_f 和 C_s 的参考电压，V_{ocref} 为锂离子电池的参考开路电压常数。当锂离子电池 SOC 处于理想水平时，且锂离子电池未处于放电或充电过程中，I_B、V_{fref} 和 V_{sref} 为零。因此，V_{Bref} 可以简化为

$$V_{\text{Bref}} = V_{\text{ocref}} - R_0 I_\text{B} - V_{\text{fref}} - V_{\text{sref}} = V_{\text{ocref}} \quad (3\text{-}18)$$

根据式（3-18），利用锂离子电池的参考开路电压来代替锂离子电池的参考输出电压。因此，式（3-17）可转换如下：

$$I_{\text{fcref}} = \frac{V_\text{B}}{V_{\text{fc}}}\left[I_{\text{Lref}} - \lambda(V_\text{B} - V_{\text{ocref}})\right] \quad (3\text{-}19)$$

参考负载电流 I_{Lref} 用于跟踪瞬态负载电流，其计算过程如下：

$$\dot{I}_{\text{Lref}} = \frac{1}{L}\left(V_{\text{ocref}} - R_\text{L} I_{\text{Lref}} - R_\text{L} \hat{I}_\text{E}\right) \quad (3\text{-}20)$$

式中，$\hat{I}_\text{E}$ 是理想电流源 I_E 的估计值。将式（3-10）里电压电流替换为对应的参考值，可得到式（3-20）。

将式（3-19）代入式（3-13）~ 式（3-16），可得 I_L、V_f、V_s 和 V_{oc} 的时间导数为

$$\dot{I}_\text{L} = -\frac{R_\text{L}+R_0}{L}I_\text{L} + \frac{R_0}{L}I_{\text{Lref}} - \frac{1}{L}V_\text{f} - \frac{1}{L}V_\text{s} + \frac{1}{L}V_{\text{oc}} - \frac{R_\text{L}}{L}I_\text{E} - \frac{R_0}{L}\lambda(V_\text{B}-V_{\text{ocref}}) \quad (3\text{-}21)$$

$$\dot{V}_\text{f} = \frac{1}{C_\text{f}}I_\text{L} - \frac{1}{C_\text{f}}I_{\text{Lref}} - \frac{1}{R_\text{f}C_\text{f}}V_\text{f} + \frac{1}{C_\text{f}}\lambda(V_\text{B}-V_{\text{ocref}}) \quad (3\text{-}22)$$

$$\dot{V}_\text{s} = \frac{1}{C_\text{s}}I_\text{L} - \frac{1}{C_\text{s}}I_{\text{Lref}} - \frac{1}{R_\text{s}C_\text{s}}V_\text{s} + \frac{1}{C_\text{s}}\lambda(V_\text{B}-V_{\text{ocref}}) \quad (3\text{-}23)$$

$$\dot{V}_{\text{oc}} = -\frac{\eta_\text{B}\left[K_1+\Phi(V_{\text{SOC}})\right]}{Q_\text{n}}I_\text{L} + \frac{\eta_\text{B}\left[K_1+\Phi(V_{\text{SOC}})\right]}{Q_\text{n}}I_{\text{Lref}} - \frac{\eta_\text{B}\left[K_1+\Phi(V_{\text{SOC}})\right]}{Q_\text{n}}\lambda(V_\text{B}-V_{\text{ocref}}) \quad (3\text{-}24)$$

为了强制 I_L、V_f、V_s、V_{oc} 和 I_E 跟踪它们的参考值，误差函数定义如下：

$$\begin{cases}\tilde{I}_\text{L}=I_\text{L}-I_{\text{Lref}}\\ \tilde{V}_\text{f}=V_\text{f}-V_{\text{fref}}\\ \tilde{V}_\text{s}=V_\text{s}-V_{\text{sref}}\\ \tilde{V}_{\text{oc}}=V_{\text{oc}}-V_{\text{ocref}}\\ \tilde{V}_\text{B}=V_\text{B}-V_{\text{ocref}}\\ \tilde{I}_\text{E}=I_\text{E}-\hat{I}_\text{E}\end{cases} \quad (3\text{-}25)$$

式中，V_{fref} 和 V_{sref} 为零；V_{ocref} 是一个常数。因此，V_{fref}、V_{sref} 和 V_{ocref} 的时间导数为零。根据式（3-20）和式（3-21），得到误差函数 $\tilde{I}_\text{L}$ 如下：

$$\dot{\tilde{I}}_\text{L} = -\frac{R_\text{L}+R_0}{L}\tilde{I}_\text{L} - \frac{1}{L}\tilde{V}_\text{f} - \frac{1}{L}\tilde{V}_\text{s} + \frac{1}{L}\tilde{V}_{\text{oc}} - \frac{R_\text{L}}{L}\tilde{I}_\text{E} - \frac{R_0}{L}\lambda\tilde{V}_\text{B} \quad (3\text{-}26)$$

由于 V_{fref} 和 V_{sref} 是零，并且 V_{fref}、V_{sref} 和 V_{ocref} 的时间导数也是零，因此式（3-22）~ 式（3-24）可以变换得到：

$$\dot{\tilde{V}}_f = \frac{1}{C_f}\tilde{I}_L - \frac{1}{R_f C_f}\tilde{V}_f + \frac{1}{C_f}\lambda\tilde{V}_B \qquad (3\text{-}27)$$

$$\dot{\tilde{V}}_s = \frac{1}{C_s}\tilde{I}_L - \frac{1}{R_s C_s}\tilde{V}_s + \frac{1}{C_s}\lambda\tilde{V}_B \qquad (3\text{-}28)$$

$$\dot{\tilde{V}}_{oc} = -\frac{\eta_B\left[K_1+\Phi(V_{SOC})\right]}{Q_n}\tilde{I}_L - \frac{\eta_B\left[K_1+\Phi(V_{SOC})\right]}{Q_n}\lambda\tilde{V}_B \qquad (3\text{-}29)$$

误差函数式（3-26）~式（3-29）强制 I_L、V_f、V_s 和 V_{oc} 去跟踪其参考值。式（3-26）~式（3-29）是闭环误差系统的状态空间方程。

参考文献[40，41]，保证混合动力系统动态性能的参数更新规律 $\hat{I}_E$。$\hat{I}_E$ 的时间导数定义如下：

$$\dot{\hat{I}}_E = -\beta R_L \tilde{I}_L + \phi \qquad (3\text{-}30)$$

$$\phi = \begin{cases} \beta R_L \tilde{I}_L & \text{若}\quad \hat{I}_E \geq I_{E,\max}\ \text{且}\ \beta R_L \tilde{I}_L < 0 \\ & \text{或}\quad \hat{I}_E \leq I_{E,\min}\ \text{且}\ \beta R_L \tilde{I}_L > 0 \\ 0 & \text{其他} \end{cases} \qquad (3\text{-}31)$$

式中，β 为常数增益；$\hat{I}_E \in \left[I_{E,\min}, I_{E,\max}\right]$，$I_{E,\min}$ 和 $I_{E,\max}$ 分别表示理想电流源 I_E 的下界和上界。式（3-30）和式（3-31）为自定义的自适应控制的自适应规律，其没有固定形式，可以根据研究需求设置。由式（3-30）和式（3-31）可得

$$\tilde{I}_E \phi = \begin{cases} \geq 0 & \text{若}\quad \hat{I}_E \geq I_{E,\max}\ \text{且}\ \beta R_L \tilde{I}_L < 0 \\ & \text{或}\quad \hat{I}_E \leq I_{E,\min}\ \text{且}\ \beta R_L \tilde{I}_L > 0 \\ 0 & \text{其他} \end{cases} \qquad (3\text{-}32)$$

因此，$\tilde{I}_E \phi \geq 0$。将式（3-30）变换为 $\phi = \dot{\hat{I}}_E + \beta R_L \tilde{I}_L$，然后带入到 $\tilde{I}_E \phi \geq 0$，则下列不等式成立：

$$\tilde{I}_E \dot{\hat{I}}_E \geq -\beta R_L \tilde{I}_L \tilde{I}_E \qquad (3\text{-}33)$$

式（3-19）、式（3-20）、式（3-30）和式（3-31）为自适应控制器的具体表现形式。在运行的过程中，首先由式（3-30）和式（3-31）计算得到理想电流源 I_E 的估计值 $\hat{I}_E$，之后进入到式（3-20）得到参考负载电流 I_{Lref}，最后由式（3-19）求得燃料电池的参考输出电流 I_{fcref}。在控制周期内，控制变量的估计值会随着系统的改变而改变，因此其是一个自适应的过程。

2. 系统稳定性分析

为了证明式（3-26）~式（3-29）混合动力系统的稳定性，采用基于李雅普诺夫函数的方法，闭环误差系统的状态变量 $\tilde{x} = \left[\tilde{I}_L, \tilde{V}_f, \tilde{V}_s, \tilde{V}_{oc}\right]$ 最终将会收敛于 γ，其可以保证系统稳定。选择李雅普诺夫函数 $V(t)$ 如下：

$$V(t) = \frac{1}{2} L \tilde{I}_L^2 + \frac{1}{2} C_f \tilde{V}_f^2 + \frac{1}{2} C_s \tilde{V}_s^2 + \frac{Q_n}{2\eta_B \left[K_1 + \Phi(V_{SOC})\right]} \tilde{V}_{oc}^2 + \frac{1}{2\beta} \tilde{I}_E^2 \quad (3\text{-}34)$$

由式（3-34），可以保证 $V(t)$ 的每一项都是正的，则可得 $V(t)$ 的导数为

$$\begin{aligned}\dot{V}(t) &= L\tilde{I}_L \dot{\tilde{I}}_L + C_f \tilde{V}_f \dot{\tilde{V}}_f + C_s \tilde{V}_s \dot{\tilde{V}}_s + \frac{Q_n}{a} \tilde{V}_{oc} \dot{\tilde{V}}_{oc} + \frac{1}{\beta} \tilde{I}_E \dot{\tilde{I}}_E \\ &= -(R_L + R_0)\tilde{I}_L^2 - \frac{1}{R_f}\tilde{V}_f^2 - \frac{1}{R_s}\tilde{V}_s^2 + \lambda\left(-R_0\tilde{I}_L + \tilde{V}_f + \tilde{V}_s - \tilde{V}_{oc}\right)\tilde{V}_B - R_L \tilde{I}_L \tilde{I}_E + \frac{1}{\beta}\tilde{I}_E \dot{I}_E - \frac{1}{\beta}\tilde{I}_E \dot{\tilde{I}}_E\end{aligned} \quad (3\text{-}35)$$

由式（3-33）可得

$$\dot{V}(t) \leqslant -(R_L + R_0)\tilde{I}_L^2 - \frac{1}{R_f}\tilde{V}_f^2 - \frac{1}{R_s}\tilde{V}_s^2 + \lambda\left(-R_0\tilde{I}_L + \tilde{V}_f + \tilde{V}_s - \tilde{V}_{oc}\right)\tilde{V}_B + \frac{1}{\beta}\tilde{I}_E \dot{I}_E \quad (3\text{-}36)$$

利用式（3-2）、式（3-12）和式（3-19）可得下列等式：

$$\tilde{V}_B = -\frac{R_0 \tilde{I}_L + \tilde{V}_f + \tilde{V}_s - \tilde{V}_{oc}}{1 + \lambda R_0} \quad (3\text{-}37)$$

将式（3-37）代入式（3-36），可将 $V(t)$ 的导数改写为

$$\begin{aligned}\dot{V}(t) \leqslant & -(R_L + R_0)\tilde{I}_L^2 - \frac{1}{R_f}\tilde{V}_f^2 - \frac{1}{R_s}\tilde{V}_s^2 - \frac{\lambda}{1+\lambda R_0}\left(R_0\tilde{I}_L + \tilde{V}_f + \tilde{V}_s - \tilde{V}_{oc}\right)^2 \\ & -2\lambda R_0 \tilde{I}_L \tilde{V}_B + \frac{1}{\beta}\tilde{I}_E \dot{I}_E\end{aligned} \quad (3\text{-}38)$$

利用瑞利-里兹不等式，$V(t)$ 的导数可改写为

$$\begin{aligned}\dot{V}(t) &\leqslant -xQx^T + \zeta_1 \tilde{I}_L + \zeta_2 \dot{I}_E \\ &\leqslant -\vartheta_{\min}\|x\|^2 + |\zeta_1|\|x\| + |\zeta_2 \dot{I}_E| \\ &= -\vartheta_{\min}(1-\mu)\|x\|^2 + |\zeta_2 \dot{I}_E| + \|x\|(|\zeta_1| - \mu\vartheta_{\min}\|x\|) \\ &\leqslant -\vartheta_{\min}(1-\mu)\|x\|^2 + |\zeta_2 \dot{I}_E| < 0\end{aligned} \quad (3\text{-}39)$$

式中，$\vartheta_{\min}$ 为矩阵 Q 的最小特征值。Q、x、ζ_1 和 ζ_2 的定义如下：

$$Q = \begin{bmatrix} R_L + R_0 & 0 & 0 & 0 \\ 0 & \dfrac{1}{R_f} & 0 & 0 \\ 0 & 0 & \dfrac{1}{R_s} & 0 \\ 0 & 0 & 0 & 0 \end{bmatrix} + \dfrac{\lambda}{1+\lambda R_0} \begin{bmatrix} R_0^2 & R_0 & R_0 & -R_0 \\ R_0 & 1 & 1 & -1 \\ R_0 & 1 & 1 & -1 \\ -R_0 & -1 & -1 & 1 \end{bmatrix}$$

$$\boldsymbol{x} = \begin{bmatrix} \tilde{I}_L & \tilde{V}_f & \tilde{V}_s & \tilde{V}_{oc} \end{bmatrix}, \quad \zeta_1 = -2\lambda R_0 \tilde{V}_B, \quad \zeta_2 = \dfrac{1}{\beta}\tilde{I}_E$$

如果式（3-39）满足，则下列不等式成立：

$$|\zeta_1| - \mu \vartheta_{\min} \|\boldsymbol{x}\| < 0 \tag{3-40}$$

$$-\vartheta_{\min}(1-\mu)\|\boldsymbol{x}\|^2 + |\zeta_2 \dot{I}_E| < 0 \tag{3-41}$$

其中 $\mu \in (0,1)$。因此，下式始终成立：

$$\dot{V}(t) < 0, \quad \forall \|\boldsymbol{x}\| > \gamma \tag{3-42}$$

其中，$\gamma = \sup\left[\max\left(\dfrac{|\zeta_1|}{\mu \vartheta_{\min}}, \sqrt{\dfrac{|\zeta_2 \dot{I}_E|}{\vartheta_{\min}(1-\mu)}}\right)\right]$。

基于非线性控制的混合动力系统 [式（3-26）~式（3-29）] 是稳定的。

3.3.4 燃料电池电动汽车仿真分析

为了模拟真实燃料电池电动汽车的特性，利用车辆系统的真实物理参数和实验数据，在 Simulink 环境下建立基于燃料电池电动汽车的物理模型。图 3-11a 所示的燃料电池电动汽车总体模型包括两个主要子系统，即电气系统和汽车动力学系统。此外，还利用 Simulink 的 Powertrain Blockset 工具箱中的纵向驾驶员模型来模拟驾驶员在特定的驾驶周期下的驾驶行为。图 3-11b 和图 3-11c 分别为电气系统总体模型和汽车动力学系统模型。电气系统由五个主要部分组成：质子交换膜燃料电池、升压 DC/DC 变换器、锂离子电池、永磁同步电机和基于非线性控制的能量管理策略。汽车动力学系统由机械传动系统组成，通过降低电机转速来增加转矩，并将两个转矩分开来驱动车辆。

质子交换膜燃料电池负责发电，为负载提供部分稳态功率，并根据不同的驱动条件为锂离子电池充电。利用功率密度高、动态响应快的锂离子电池作为辅助能量源，补偿瞬时输出功率，吸收质子交换膜燃料电池和再生制动产生的多余能量。锂离子电池参数由实际车辆获得。

升压 DC/DC 变换器在电流控制模式下工作，将质子交换膜燃料电池的低压调整为直流母线电压，并阻止反向电流返回到质子交换膜燃料电池中。从图 3-11 可以看出，升压型 DC/DC 变换器由电感 L_{fc}、IGBT 开关 S_1、二极管 VD_1 和作为输出滤波器的电容 C_{dc} 组成。此外，还添加了一个输入电容 C_{fc} 来保护质子交换膜燃料电池免受过高电压的影响。

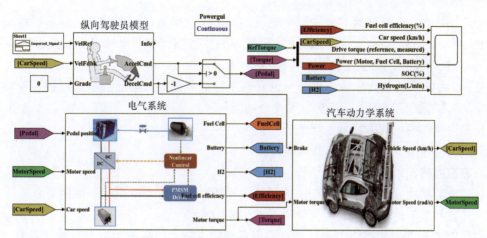

a) 燃料电池电动汽车总体模型

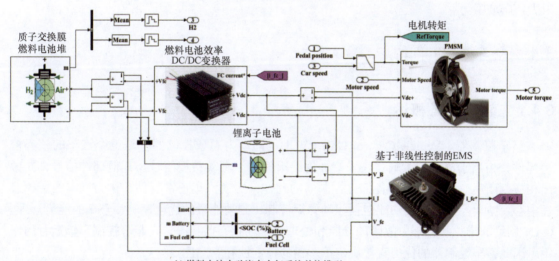

b) 燃料电池电动汽车电气系统总体模型

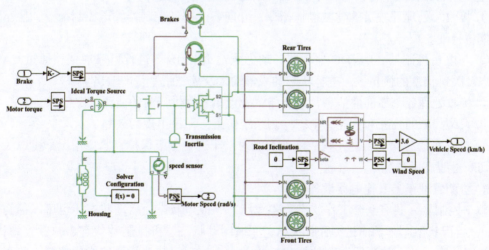

c) 燃料电池电动汽车动力学系统模型

图 3-11　燃料电池电动汽车 Simulink 物理模型

电机选用带电机驱动器的永磁同步电机,其工作效率高、可靠性好,在车辆减速时可实现再生制动。其仿真是基于 Simulink 的 Simscape 工具箱提供的永磁同步电机驱动(AC6)模块。永磁同步电机的参数是由实际车辆获得的。

汽车动力学系统包含机械传动部分的黏性摩擦、减速器、差速器、制动器、轮胎和纵向车辆动力学等。机械传动系统有以下几个功能:

① 黏性摩擦模型代表机械系统的所有损失。
② 减速齿轮降低电机转速,增加转矩。
③ 差速器将输入转矩分成两个相等的车轮转矩。
④ 制动器将由纵向驱动模块产生的制动信号转换为摩擦力矩用作产生制动力。
⑤ 前轮和后轮的动力学表现为纵向滑移和横向滑移。
⑥ 纵向汽车动力学模块表示运动对整个系统的影响,包括滚动阻力、空气阻力、加速阻力、爬坡阻力。

3.4 整车控制单元

3.4.1 整车控制器概述

整车控制器(Vehicle Control Unit,VCU)即动力总成控制器,是整个汽车的核心控制部件,相当于汽车的大脑。它采集加速踏板信号、制动踏板信号及其他部件信号,并做出相应判断后,控制下层的各部件控制器的动作,驱动汽车正常行驶。作为汽车的指挥管理中心,整车控制器主要功能包括驱动力矩控制、制动能量的优化控制、整车的能量管理、CAN 网络的维护和管理、故障的诊断和处理、车辆状态监视等,它起着控制车辆运行的作用。因此整车控制器的优劣直接决定了车辆的稳定性和安全性。

整车控制器在汽车行驶过程中执行多项任务,具体功能如下:

① 接收、处理驾驶员的驾驶操作指令,并向各个部件控制器发送控制指令,使车辆按驾驶期望行驶。
② 与电机控制器、DC/DC 控制器、动力电池组 BMS 等进行可靠通信,通过 CAN 总线(以及关键信息的模拟量)进行状态的采集输入及控制指令量的输出。
③ 接收处理各个零部件信息,结合能源管理单元提供当前的能源状况信息。
④ 系统故障的判断和存储,动态检测系统信息,记录出现的故障。
⑤ 对整车具有保护功能,视故障的类别对整车进行分级保护,紧急情况下可以关掉电机及切断母线高压系统。
⑥ 协调管理车上其他电器设备。

整车控制器一共有 9 个工作状态:停车状态、充电状态、启动状态(也可以称为自检状态)、运行状态、车辆前进/后退状态、回馈制动状态、机械制动状态、一般故障状态、重大故障状态。整车控制器主要功能包括驱动力矩控制、制动能量的优化控制、整车的能量管理、CAN 总线的维护和管理、故障的诊断和处理、车辆状态监视等。

3.4.2 燃料电池电动汽车整车控制单元

对燃料电池电动汽车而言，整车控制单元是衡量整车控制系统性能及功能等级的主要部件，由多个系统组成，包含了驱动电机系统、燃料电池发动机系统、动力电池系统、DC/DC变换器以及高压附件等多种零部件，各部件之间通过电气动力高压线束实现电气物理连接。燃料电池电动汽车的整车控制系统是电力、机械、化学和热力组件的总成，是一个复杂的系统，因此需要整车控制器对其进行协调管理。整车控制系统简图如图3-12所示。

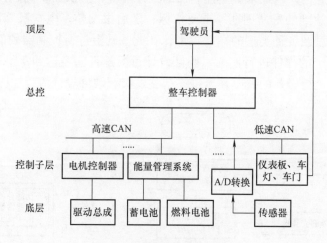

图3-12　整车控制系统简图

整车控制系统由整车控制器硬件和整车控制策略（即软件）组成，其主要目的是平衡燃料电池发动机、动力电池和驱动电机之间的功率流向和能量平衡，使整车保持较好的动力性、经济性与可靠性。

（1）整车控制器硬件

整车各系统都有专门的控制器来实现其功能，同样整车控制器用于功率用电器的功率分配及协调控制，其中控制器硬件负责接收驱动程序的操作指令，并与各个部分控制器建立通信，以控制整车的运行。整车控制器的另一功能是负责整车各模块的故障检测、处理，使得在故障状态下保证整车的状态仍然受控。

（2）整车控制策略

整车控制策略的基本思路是通过驾驶员的操作命令输入来协调动力系统的主要功率元件，以达到调整车辆运行时各单元的能量转换速度和方向，在考虑经济性指标的前提下，满足驾驶员期望的动力性能。

3.4.3 整车控制单元硬件

硬件开发流程包括下面几个内容：
① 硬件功能需求分析。
② 工作环境及设计目标剖析。
③ 硬件模块电路原理图设计。

④ PCB 布线。
⑤ 软硬件联调。
⑥ 样件试生产。
⑦ 样件实验。
⑧ 产品发布。

对于整车控制器硬件设计而言，首先需要确定车辆对整车控制器硬件功能的需求，确定在车上的安装位置，并以此来确定控制器的工作环境；其次需要确定控制器的设计指标，包括该控制器需要达到的寿命周期等重要指标；随后根据整车电气系统设计，规划控制器需要包括的端口类型及各种类型的端口数量；在此基础上进行控制器硬件原理图和 PCB 板的设计，通过对生产的样件进行实验以验证设计目标是否已经达到；最后根据实验结果对控制器硬件的设计进行必要的整改直至最终产品发布。硬件设计流程框图 3-13 所示。

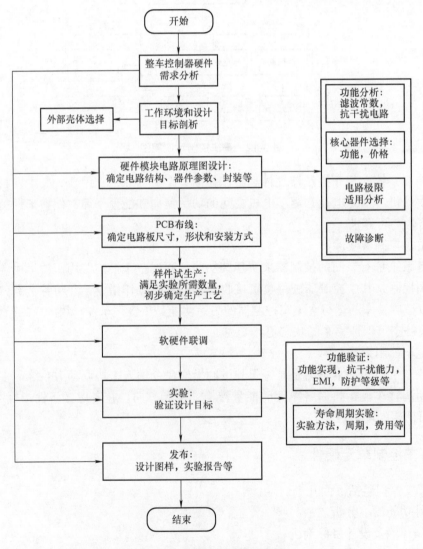

图 3-13 硬件设计流程框图

VCU 的硬件电路主要有以下模块:

(1) 电源模块电路

把输入的 12V 或 24V 电源转换成 5V 和 3.3V,除了给 MCU 和各个电路模块提供工作电源,还提供给外部传感器电源。

(2) MCU 配置模块电路

MCU 保持正常工作的基本外围电路,包括启动配置、时钟配置、扩展等电路。

(3) 通信模块电路

采用 CAN 总线通信技术,提供 VCU 与各个模块之间的通信接口,提供软件调试、数据传输的通信接口。

(4) 模拟量采集电路

接收来自传感器等的模拟量信号并进行调理。

(5) 数字量采集电路

接收来自传感器的转速、档位制动、钥匙开关 ON 档等数字信号,并进行调理。

(6) 数字量输出电路

输出数字量,具有指定需求的驱动能力。

(7) 接口器件

选择满足输入/输出信号功率及数目的接插件。

如图 3-14 所示,整车控制器的硬件结构主要由多个模块构成。微控制器作为中央控制单元,是整车控制器的核心部分,负责对接收的信号数据进行处理,并向外部发出控制指令。电源管理模块电路负责电压变换作用,通过将动力电池的电能转化为输出电压,然后给整个系统供电。CAN 通信模块电路是 VCU 控制器通过 CAN 总线技术和系统其他控制器交互信息的窗口,设计四路 CAN 通信接口,包括一路 VCU 控制器内部标定 CAN 接口。信号采集/输出模块电路完成信号的采集工作,保证信号输入时满足 I/O 口的正常范围,该模块包括数字量、模拟量及 PWM 输入/输出电路。控制器实物如图 3-15 所示。

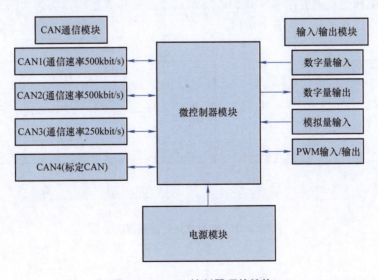

图 3-14 VCU 控制器硬件结构

3.4.4 整车控制单元软件

整车控制器的功能实现需要软件的置入，因此软件的设计优劣直接关系到 VCU 功能是否能按照整车要求实现。而好的软件需要有优良的控制策略，因此整车控制策略是燃料电池电动汽车整车控制系统的核心设计，它对各执行单元监控、调节，确保整车安全运行。

图 3-15 整车控制器

1. 软件开发流程

燃料电池电动汽车动力系统由电机及其控制单元、动力电池、燃料电池发动机等组成，是一个集成电气、电子、化学、机械系统的非线性动态系统。如何使这些部件协调、有效地工作，就是燃料电池电动汽车整车控制器开发的一个很棘手的问题。同时，燃料电池电动汽车动力系统的运行控制也极为复杂，其作为一个分布式的控制系统，主要难点有：

① 控制对象很多，需要收集、处理大量的系统信息，并发出大量的控制信号。因此，接口很难定义，其应该包含所有必要的状态信息和控制信号。

② 部件的理想工作点往往相互关联，相互制约，操作控制系统需要考虑各部分的操作需求，协调整个系统的运行，以获得最佳的整体性能。

③ 实时性要求很高。

④ 工作可靠性要求很高。

⑤ 运行工况复杂，且动态变化很大。

⑥ 车辆运行过程中，突发状况及干扰因素多。

⑦ 驾驶员直接参与系统的运行和控制，使系统进入非闭环系统。

因此，在开发整个系统的控制算法时，为了保证整个开发过程的效率和质量，需编制合理的流程和利用高效的设计工具。在一般情况下，有必要使用一些工具和硬件的测试环境，并使用建模和仿真的方法来实现编程、调试、测试和优化的算法。如图 3-16 所示，将系统控制算法的开发过程分为五个阶段。

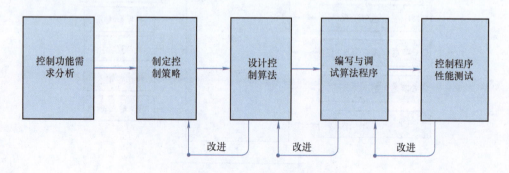

图 3-16 控制算法开发流程图

（1）控制功能需求分析

该分析将为后续策略制订提供依据。

(2)制定控制策略

该控制策略将为后续算法设计提供依据和参考。

(3)设计控制算法

该算法的设计是基于控制策略的实现,控制功能是最终的目标。算法设计过程,也是一个策略补充、改进和完善的过程。在设计算法时,还要注意硬件最终实现的可行性。

(4)编写与调试算法程序

算法编写一般选择高级编程语言或图形化编程语言,如 MATLAB/Simulink 的可视化图形编程环境,非常适合用来开发控制算法。基于仿真模型,该算法可以模拟和优化一些理论和方法。

(5)控制程序性能测试

这一阶段主要采用仿真环境模型,建立在环测试的硬件环境的快速原型系统,对整个控制程序进行验证以达到良好的预期,对控制功能进行一系列测试,在控制动力系统运行的情况下,验证整体性能能否达到设计要求。同时分析整个验证过程中存在的问题和不足,并提出相应的改进或优化方法。通过这样一步一步的设计和开发过程的优化,最终的目的是获得一套可行的和卓越的动力系统控制策略。

2. 控制策略

燃料电池电动汽车整车控制策略主要包括模式管理系统、驾驶员需求解释系统、整车能量管理系统、转矩分配系统、系统限值计算系统、附件控制系统、故障模式管理系统、制动管理、执行器控制及 CAN 网络数据管理等 10 个部分,控制系统总体分配如图 3-17 所示。

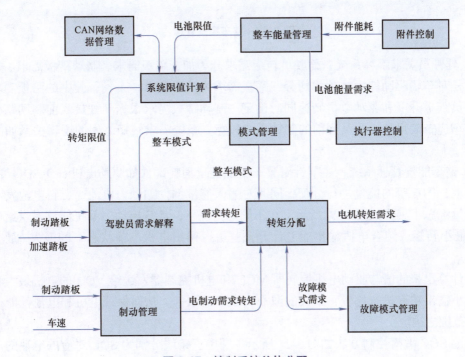

图 3-17 控制系统总体分配

典型燃料电池电动汽车整车控制策略如下：

① 模式管理系统：整车模式分为正常模式和紧急停机模式，具体实现的逻辑框架如图 3-18 所示。

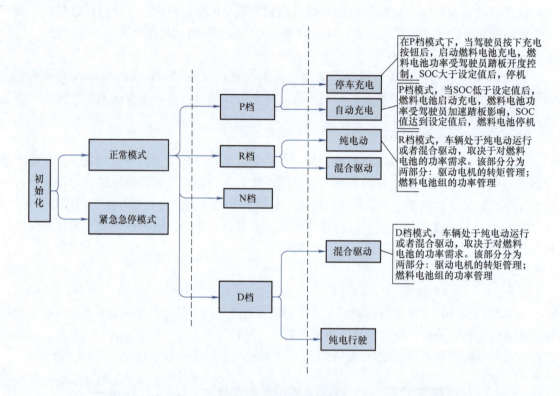

图 3-18　整车模式管理

② 驾驶员需求解释系统：驾驶员转矩需求分为加速踏板需求、制动踏板需求。加速踏板需求是对车辆驱动能力按功率均分，踏板需求为功率需求，车辆行驶中的踏板需求转矩由驾驶员踏板开度和驱动电机转速同时确定。制动踏板需求根据驾驶员当前制动踏板开度和当前车速查表得到驾驶员当前的制动需求转矩。系统需求转矩之间的逻辑关系如图 3-19 所示。

③ 整车能量管理系统：主要针对整车上的能量消耗部件如驱动电机、DC/DC 变换器、动力电池、PTC 等的能量进行分配，同时对输入能量部件如动力电池、燃料电池发动机等进行能量汇总，具体如图 3-20 所示。在不同的情况下，计算出动力系统能够提供给电机的最大/最小转矩，结合电机输出能力计算，就可以得出电机当前状态下的最大/最小输出转矩。

将计算出来的值与驱动电机控制器 MCU 和电机控制器发送给 VCU 的电机最大输出功率和最小输出功率进行比较，最大的取小，最小的取大，从而保证电机和电池都能工作在正常的范围之内。

电池 SOC 平衡控制方法如图 3-21 所示。图中三条线分别为 SOC 对应的电池的最大驱动功率、平衡 SOC 需求的充放电功率、能量回收是电池允许的回收功率。

第 3 章
燃料电池电动汽车动力系统及整车控制

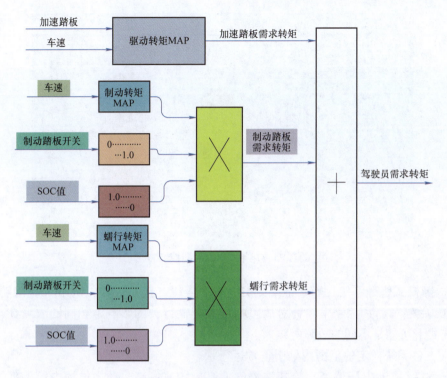

图 3-19　驾驶员加速踏板需求

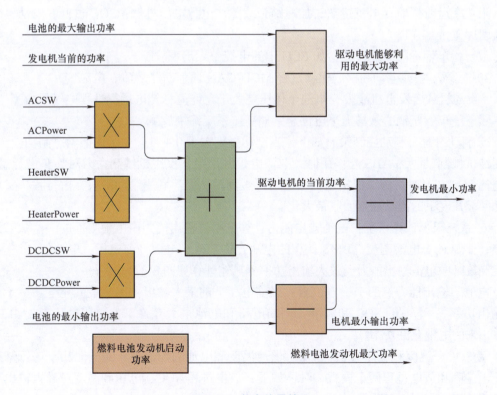

图 3-20　整车能量管理

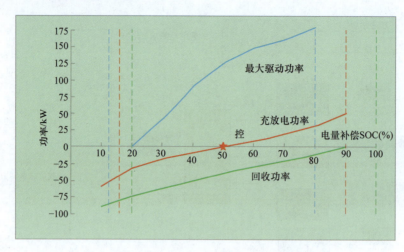

图 3-21　电池 SOC 平衡控制方法

④ 故障模式管理系统：整车故障划分为 6 个等级，包括正常、warning、限功率运行、跛行、30s 后停车、紧急停车。针对故障本身对车辆行驶的影响，相同的故障在车辆不同的驱动模式下可能是不同的故障等级。

正常：各系统在定值范围内处于正常运行状态。

warning：电池电压偏高，冷却液温度偏高，转速偏高，动力电池电压偏低，电池电压偏低，CAN 通信丢帧。

限功率运行：驱动电机过热，加速踏板故障，电池电压过低，SOC 过低，发动机冷却液温度过高。

跛行：车辆不能高速行驶，如 ECU 中的电控单元出现故障。

30s 后停车：纯电动和串联驱动过程 MCU-CAN 通信断路故障；电池 SOC 小于软件约束后，发动机或者发电机故障；电池单体压差大于允许值；纯电运行过程中气泵故障。

紧急停车：车辆必须马上下电停车，如高压系统绝缘故障。

⑤ 制动管理：制动控制策略如下，当制动强度大于 0.4 时，为了保证紧急制动安全性，采用纯机械制动；当 ABS 起作用时，取消电机制动力，仅用机械制动力对整车进行制动；当电池 SOC>0.9 时，为了保护电池，取消再生制动功能。利用制动踏板自由行程，实现低制动踏板开度下的制动能量回收最大化。

⑥ 系统限值计算系统：电池输出能力计算，电池输出能力由电池当前的一些状态信息决定，如 SOC、电池温度、BMS 计算的电池允许功率、电池当前电压、电池的允许电流。该控制策略中电池输出能力（最大输出功率）具体计算如图 3-22 所示。

电池的输出能力有四个影响因素：当前电压下的最大输出功率和最大充电功率（及最小输出功率）；电池的 SOC 和温度；当前电压和电池最大允许工作电压的压差；由 BMS 计算出来的电池允许功率。

⑦ SOC、温度和电压修正：SOC、电池温度和电池的当前电压对电池功率进行修正分为充电过程和放电过程两个模式，具体如下：放电过程 SOC、电压和温度对最大输出功率的修正计算，如图 3-23 所示。

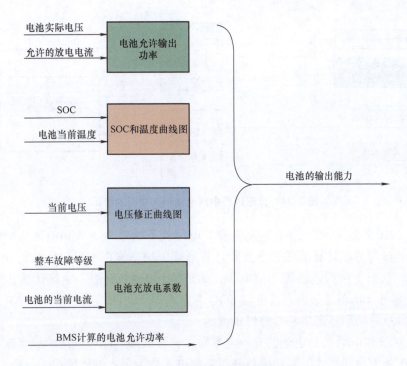

图 3-22 电池的最大输出功率计算

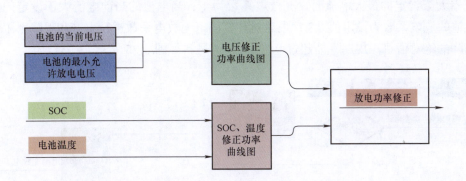

图 3-23 放电过程中对电池输出功率的修正

由电池的当前电压和电池允许工作电压进行比较后,用电压差查表得到电压的修正功率,再用 SOC 和电池的温度共同查表得到 SOC 和温度对电池输出的修正功率,两个相加就等于当前电池状态对放电功率的修正。电压修正项的查表结果有一个升降率的限制,在一个周期内,上升和下降的功率不能超过 1kW。

图 3-24 为充电过程 SOC、电压和温度对最大输出功率的修正计算过程。

对电池的当前电压和电池允许工作电压进行比较后,根据电压差查表得到电压的修正功率,再用 SOC 和电池的温度共同查表得到 SOC 和温度对电池输入的修正功率,两个相加就等于当前电池状态对充电功率的修正。电压修正项的查表结果同样有一个升降率的限制,在一个周期内上升和下降的功率不能超过 1kW。

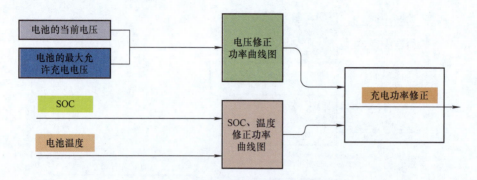

图 3-24 充电过程中对电池输入功率的修正

图 3-23 和图 3-24 解释了对电池充电和放电模式下的最大输入和输出功率的修正计算原理，包括了参与修正计算的主要参数和计算形式。功率修正主要包括两部分，第一部分为电压修正，状态变量为电池的当前电压，通过修正 MAP 返回一个修正值；第二部分为 SOC 与温度修正，状态变量为当前电池 SOC 与电池温度，同样通过修正 MAP 返回一个修正值。最终电池的功率修正为两部分修正值的和。

⑧ 电池的充放电系数：电池的充放电系数由整车的降功率行驶故障和电池当前电流决定的；当整车处于故障模式限制功率行驶时，放电系数为最大的故障模式行驶充放电系数；当没有故障、整车处于正常运行模型时，由电池的电流决定当前的放电系数，当电池的当前电流不大于设定的最大电流时，充放电系数为 1；当电池的当前电流大于设定的电流值时，电池的放电系数为设定值 0.8；最后对计算的电池放电系数进行上升和下降率限制，上升和下降的绝对值每一周期不能超过 0.005。具体逻辑如图 3-25 所示。

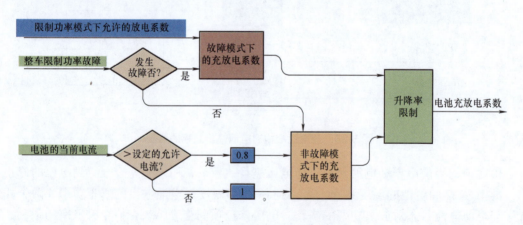

图 3-25 电池的放电系数计算

⑨ 电机输出能力计算：电机的驱动能力也是由电机当前的一些状态信息，如电机定子和转子的温度、电机的实际转速等对电机控制器（MCU）计算出的电机允许最大/最小功率、最大/最小转矩进行修正。具体如图 3-26 所示。

电机的输出能力计算主要表现为电机能够输出转矩大小的计算，分为最大输出转矩和最大制动转矩（即最小转矩）两部分。

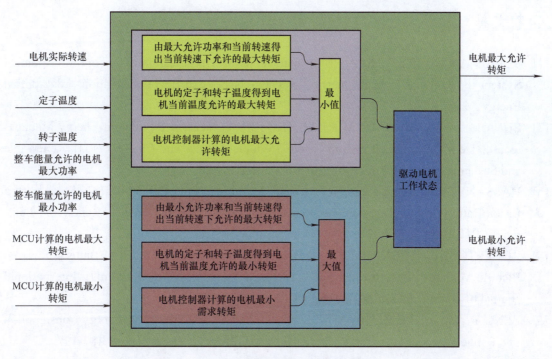

图 3-26 电机的输出转矩计算

计算电机最大输出转矩时分为三项：由整车电能上允许电机的最大功率计算出来的最大转矩、由电机温度计算出来的最大转矩以及由 MCU 计算出来的最大转矩，三个值取小作为电机的最大输出转矩，目的是保证电机不会超负荷运行，电机的运行也不会影响到其他部件的工作。

计算电机最大充电转矩（即最小输出转矩）时分为三项：由电池允许的最大充电功率计算出来的最大充电转矩、由电机当前温度得出温度修正转矩以及由 MCU 计算出来的电机最大发电转矩，三个值取大作为电机的最大充电转矩，目的是保证电机不会超负荷运行，电机的运行也不会影响到其他部件的工作。

传动系统的传递能力为定值，就是传动系统的正反向能够传递的最大转矩，即为主减速器前面的轴的传递能力。

思考题

1. 简要介绍燃料电池汽车动力系统的类型和特点。
2. 简要绘制 FC+B、FC+C 的动力系统结构简图，并分析在不同工况下的能量流。
3. 常用的燃料电池电动汽车仿真软件有哪些？具备哪些功能？
4. 简述燃料电池电动汽车整车控制器的工作原理。

参考文献

[1] SULAIMAN N, Hannan M A, Mohamed A, et al. Optimization of Energy Management System for Fuel-cell Hybrid Electric Vehicles: Issues and Recommendations [J]. Applied Energy, 2018 (228): 2061-2079.

[2] SULAIMAN N, HANNAN M A, MOHAMED A, et al. A Review on Energy Management System for Fuel Cell Hybrid Electric Vehicle: Issues and Challenges [J]. Renewable and Sustainable Energy Reviews, 2015 (52): 802-814.

[3] HASSAN F. Combining a Proton Exchange Membrane Fuel Cell (PEMFC) Stack with a Li-ion Battery to Supply the Power Needs of a Hybrid Electric Vehicle, Renewable Energy[J]. 2019 (130): 714-724.

[4] ROBERTO Á F, FERNANDO B C, IÑAKI V M. A New Approach to Battery Powered Electric Vehicles: A Hydrogen Fuel-cell-based Range Extender System[J]. International Journal of Hydrogen Energy, 2016, 41 (8): 4808-4819.

[5] ZENG T, ZHANG C Z, HU M H, et al. Modelling and Predicting Energy Consumption of a Range Extender Fuel Cell Hybrid Vehicle [J]. Energy, 2018 (165): 187-197.

[6] Hyundai Motor Company. NEXO Emergency Response Guide[Z]. 2018.

[7] DAS H S, TAN C W, YATIM A H M. Fuel Cell Hybrid Electric Vehicles: A Review on Power Conditioning Units and Topologies [J]. Renewable and Sustainable Energy Reviews, 2017 (76): 268-291.

[8] ZHOU D M, AL-DURRA A, GAO F, et al. Online Energy Management Strategy of Fuel Cell Hybrid Electric Vehicles based on Data Fusion Approach [J]. Journal of Power Sources, 2017, (366): 278-291.

[9] FADEL A, ZHOU B. An Experimental and Analytical Comparison Study of Power Management Methodologies of Fuel Cell–battery Hybrid Vehicles [J]. Journal of Power Sources, 2011, 196 (6): 3271-3279.

[10] XU L F, LI J Q, OUYANG M G, et al. Multi-mode Control Strategy for Fuel Cell Electric Vehicles Regarding Fuel Economy and Durability[J]. International Journal of Hydrogen Energy, 2014, 39 (5): 2374-2389.

[11] OUYANG M G, XU L F, LI J Q, et al. Performance Comparison of Two Fuel Cell Hybrid Buses with Different Powertrain and Energy Management Strategies [J]. Journal of Power Sources, 2006, 163 (1): 467-479.

[12] FEROLDI D, SERRA M, RIERA J. Energy Management Strategies based on Efficiency Map for Fuel Cell Hybrid Vehicles[J]. Journal of Power Sources, 2009, 190 (2): 387-401.

[13] MAURO G CARIGNANO, RAMON C-C, VICENTE R, et al. Energy Management Strategy for Fuel Cell-supercapacitor Hybrid Vehicles based on Prediction of Energy De-

mand[J]. Journal of Power Sources, 2017 (360): 419-433.

[14] PHATIPHAT T, STEPHANE R, BERNARD D. Energy Management of Fuel Cell/Battery/Supercapacitor Hybrid Power Source for Vehicle Applications [J]. Journal of Power Sources, 2009, 193 (1): 376-385.

[15] 魏学哲, 戴海峰, 孙泽昌. 燃料电池汽车辅助动力蓄电池选型设计 [J]. 电源技术, 2007 (10): 13-17.

[16] 黄先国. 燃料电池汽车动力参数匹配与试验技术研究 [D]. 上海: 上海交通大学, 2010.

[17] 程伟, 欧阳启, 张晓辉. 燃料电池汽车用电机驱动系统选型及性能参数研究 [J]. 上海汽车, 2008 (3): 7-10.

[18] 宋昱, 韩恺, 李小龙, 等. 燃料电池汽车混合度与能量管理策略研究 [J]. 交通科技与经济, 2019, 21 (2): 43-49.

[19] 靳晓飞. 燃料电池增程式商用车动力系统特性的仿真分析 [D]. 北京: 北京交通大学, 2016.

[20] 周凯. 燃料电池城市客车动力系统设计与能量管理策略研究 [D]. 贵阳: 贵州大学, 2018.

[21] 金振华, 欧阳明高, 卢青春, 等. 燃料电池混合动力系统优化控制策略 [J]. 清华大学学报(自然科学版), 2009 (2): 273-276.

[22] WANG Y X, OU K, KIM Y B. Power Source Protection Method for Hybrid Polymer Electrolyte Membrane Fuel Cell/lithium-ion Battery System [J]. Renewable Energy, 2017 (111): 381-391.

[23] LIU Y G, LI J, CHEN Z, et al. Research on a Multi-objective Hierarchical Prediction Energy Management Strategy for Range Extended Fuel Cell Vehicles [J]. Journal of Power Sources, 2019 (429): 55-66.

[24] GENG C, JIN X F, ZHANG X. Simulation Research on a Novel Control Strategy for Fuel Cell Extended-range Vehicles[J]. International Journal of Hydrogen Energy, 2019, 44 (1): 408-420.

[25] LIU Y G, LI J, CHEN Z, et al. Research on a Multi-objective Hierarchical Prediction Energy Management Strategy for Range Extended Fuel Cell Vehicles[J]. Journal of Power Sources, 2019, 429: 55-66.

[26] ZHANG Y, ZHANG C, HUANG Z, et al. Real-Time Energy Management Strategy for Fuel Cell Range Extender Vehicles Based on Nonlinear Control[J]. IEEE Transactions on Transportation Electrification, 2019, 5 (4): 1294-1305.

[27] LIN C, MU H, XIONG R, et al. A Novel Multi-model Probability Battery State of Charge Estimation Approach for Electric Vehicles Using H-infinity Algorithm[J]. Applied Energy, 2016, 166: 76-83.

[28] Q ZHU, L LI, HU X-S, et al. H∞-Based Nonlinear Observer Design for State of Charge Estimation of Lithium-Ion Battery With Polynomial Parameters[J]. IEEE Transactions on Vehicular Technology, 2017, 66 (12): 10853-10865.

[29] TORREGLOSA J P, GARCIA P, FERNANDEZ L M, et al. Predictive Control for the Energy Management of a Fuel-Cell-Battery-Supercapacitor Tramway[J]. IEEE Transactions on Industrial Informatics, 2014, 10（1）: 276-285.

[30] ZHANG R D, TAO J L, ZHOU H Y. Fuzzy Optimal Energy Management for Fuel Cell and Supercapacitor Systems Using Neural Network Based Driving Pattern Recognition[J]. IEEE Transactions on Fuzzy Systems, 2019, 27（1）: 45-57.

[31] ZHANG R D, TAO J L. GA-Based Fuzzy Energy Management System for FC/SC-Powered HEV Considering H2 Consumption and Load Variation[J]. IEEE Transactions on Fuzzy Systems, 2018, 26（4）: 1833-1843.

[32] LIN W S, ZHENG C-H. Energy Management of a Fuel Cell/ultracapacitor Hybrid Power System Using an Adaptive Optimal-control Method[J]. Journal of Power Sources, 2011, 196（6）: 3280-3289.

[33] CHEN J, XU C F, WU C S, et al. Adaptive Fuzzy Logic Control of Fuel-Cell-Battery Hybrid Systems for Electric Vehicles[J]. IEEE Transactions on Industrial Informatics, 2018, 14（1）: 292-300.

[34] ZHANG Y, ZHANG C, HUANG Z, et al. Real-Time Energy Management Strategy for Fuel Cell Range Extender Vehicles Based on Nonlinear Control [J]. IEEE Transactions on Transportation Electrification, 2019, 5（4）: 1294-1305.

[35] LIN C, MU H, XIONG R, et al. A Novel Multi-model Probability Battery State of Charge Estimation Approach for Electric Vehicles Using H-infinity Algorithm [J]. Applied Energy, 2016（166）: 76-83.

[36] ZHU Q, LI L, HU X S, et al. H∞-Based Nonlinear Observer Design for State of Charge Estimation of Lithium-Ion Battery With Polynomial Parameters [J]. IEEE Transactions on Vehicular Technology, 2017, 66（12）: 10853-10865.

[37] ZHANG R-D, TAO J-L. GA-based Fuzzy Energy Management System for FC/SC-Powered HEV Considering H_2 Consumption and Load Variation [J]. IEEE Transactions on Fuzzy Systems, 2018, 26（4）: 1833-1843.

[38] ZHANG R D, TAO J L, ZHOU H Y. Fuzzy Optimal Energy Management for Fuel Cell and Supercapacitor Systems Using Neural Network Based Driving Pattern Recognition [J]. IEEE Transactions on Fuzzy Systems, 2019, 27（1）: 45-57.

[39] LIN W S, ZHENG C H. Energy Management of a Fuel Cell/Ultracapacitor Hybrid Power System Using an Adaptive Optimal-control Method [J]. Journal of Power Sources, 2011, 196（6）: 3280-3289.

[40] CHEN J, XU C F, WU C S, et al. Adaptive Fuzzy Logic Control of Fuel-Cell-Battery Hybrid Systems for Electric Vehicles [J]. IEEE Transactions on Industrial Informatics, 2018, 14（1）: 292-300.

[41] DAS T, SNYDER S. Adaptive Control of a Solid Oxide Fuel Cell Ultra-capacitor Hybrid System [J]. IEEE Transactions on Control Systems Technology, 2013, 21（2）: 372-383.

[42] 黄泽文. 纯电动客车整车控制策略研究 [D]. 大连：大连理工大学，2017.

[43] 何涛. 电动汽车整车控制器软件设计及关键技术研究 [D]. 北京：清华大学，2010.

[44] 白同云. 电磁兼容分层与综合设计法——电磁兼容设计的新方法 [J]. 电子质量，2008，（5）98-101.

[45] 张翔. 纯电动汽车整车控制器进展 [J]. 汽车电器，2011，（2）：1-5.

[46] 郭孔辉，靳鹏，张建伟. 基于MC9S12DP256的燃料电池电动汽车整车控制器硬件研制 [J]. 电子技术应用，2007（6）：34-36.

[47] 李建秋，田光宇，卢青春，等. 利用V型开发模式研制燃料电池混合动力客车的整车控制器 [J]. 机械工程学报，2005（12）：30-36.

[48] 张斌. 一种燃料电池客车的整车控制器的研发 [D]. 重庆：重庆大学，2017.

[49] 钱劲. 燃料电池电动汽车动力系统集成设计及系统控制算法开发研究 [D]. 上海：同济大学，2003.

[50] 杨甲辉. 燃料电池汽车整车控制器的设计与实现 [D]. 上海：华东理工大学，2013.

第4章 电机驱动系统

驱动电机系统是新能源汽车三大核心系统之一,是车辆行驶的主要驱动系统,由电机、功率变换器、电机控制器、各种检测传感器和电源组成。其任务是在驾驶员的控制下,高效率地将电池的电量转化为车轮的动能,或者将车轮的动能回馈到电池当中。其特性决定了车辆的主要性能指标,直接影响车辆动力性、经济性和用户驾乘感受。

新能源汽车对电机控制系统的要求如下:
① 优良的转矩控制性能。
② 宽广的调速范围。
③ 宽范围的高效率运行区域。
④ 高功率密度。
⑤ 优良的环境适应性和环保性。
⑥ 高可靠性。
⑦ 有竞争力的价格。

电动汽车电机控制系统的主要类型如下:
① 直流电机控制系统。
② 交流永磁电机控制系统。
③ 交流感应电机控制系统。
④ 开关磁阻电机控制系统。

四种电机性能对比见表4-1。

表4-1 四种电机性能对比

项目	直流电机	交流感应电机	交流永磁电机	开关磁阻电机
功率密度	低	中	高	较高
峰值效率(%)	85~89	90~95	95~97	<90
负荷效率(%)	80~87	90~92	85~87	78~86
转速范围/(r/min)	4000~8000	12000~20000	4000~10000	>15000
可靠性	一般	好	好	好
结构的坚固性	差	好	一般	优秀
电机的外形尺寸	大	中	小	小
电机的质量	大	中	小	小
电机成本	中	低	高	低
控制操作性能	好	好	最好	好
控制器装置成本系数	1	3.5	2.5	4.5
功率器件数	少	多	多	较多

4.1 电机驱动系统概述

电机驱动系统主要由电机、功率变换器、电机控制器、检测传感器以及电源等部分组成。电机驱动系统的作用指通过控制电机的旋转角度和运转速度来实现对占空比的控制,从而实现对电机的怠速控制。其按照驱动形式可以大致分为两类:单一电机驱动和分布式电机驱动。单一电机驱动是通过一个电机提供动力输出的驱动方式;分布式驱动电动汽车的主要结构特征是将驱动电机直接安装在驱动轮内或者驱动轮附近,具有驱动传动链短、传动效率高、结构紧凑等优点。电机既是汽车信息单元,也是快速响应的控制执行单元,通过独立控制电机的驱动/制动转矩容易实现多种动力学控制功能。

4.2 直流电机驱动系统

4.2.1 直流电机的结构及特点

直流电机是将直流电能转化成机械能(直流电机)或将机械能转化为直流电能(直流发电机)的旋转电机。直流电机的结构由定子和转子两大部分组成。如图4-1所示,直流电机运行时静止不动的部分称为定子,定子的主要作用是产生磁场,由机座、主磁极(铁心,励磁绕组)、换向极(铁心,绕组)、端盖和电刷装置等组成;运行时转动的部分称为转子,其主要作用是产生电磁转矩和感应电动势,是直流电机进行能量转换的枢纽,所以通常又称为电枢,由转轴、电枢铁心、电枢绕组、换向器和风扇等组成。在机械结构方面,定子和转子通过轴承过渡。

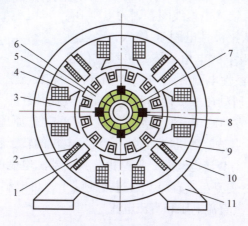

图 4-1 直流电机的结构

1—换向极铁心 2—换向极绕组 3—主磁极铁心 4—主磁极励磁绕组 5—电枢齿 6—电枢铁心
7—换向器 8—电刷 9—电枢绕组 10—机座 11—底脚

直流电动机的优点如下:
① 结构较为简单。
② 具有优良的电磁转矩控制特性,可实现基速以下恒转矩、基速以上恒功率,可满足

汽车对动力源低速高转矩、高速低转矩的要求。

③ 可频繁快速起动、制动和反转。

④ 调速平滑、无级、精确、方便、范围广。

⑤ 抗过载能力强，能够承受频繁的冲击负载。

⑥ 控制方法简单，只需要用电压控制，不需要检测磁极位置。

但是它也有如下缺点：

① 设有电刷和换向器，高速和大负荷运行时换向器表面易产生电火花，同时换向器维护困难，很难向大容量、高速度发展，此外，电火花会产生较大的电磁干扰。

② 不宜或不可在多尘、潮湿、易燃易爆的环境中使用。

③ 价格高、体积和质量大。

随着电力电子技术和控制理论的发展，相对于其他驱动系统而言，直流电机在电动汽车中的应用已处于劣势，目前已逐渐被淘汰。

4.2.2 直流电机的工作原理

图4-2为一台最简单的两极直流电机模型，它的固定部分（定子）为两个静止的磁极N、S；旋转部分（转子）为电枢线圈abcd，线圈的首端和末端分别接到两个相互绝缘的圆弧形的换向片上。换向片与一对静止的电刷B_1、B_2接触，B_1接电源正极，B_2接电源负极。电枢旋转时，电枢线圈通过换向片和电刷与外电路接通。

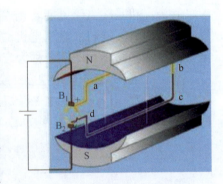

图4-2 两极直流电机模型

在直流电动机中，电流并非直接接入线圈，而是通过电刷B_1、B_2和换向器再接入电枢线圈。因为电刷B_1、B_2静止不动，电流总是从正极性电刷B_1输入，经过旋转的换向片输入位于N极下的电枢导体，再经过位于S极下的电枢导体，由负极性电刷B_2输出。故当导体旋转而交替地处于N极和S极下时，电枢导体中的电流将随其所处磁极极性的改变而同时改变其方向，从而使电磁转矩始终保持不变，使电枢向同一个方向旋转，这就是直流电动机的工作原理。

对直流发电机而言，当被原动机拖动时，直流发电机的转子转动，电枢绕组不断切割不同磁极下的磁通，感应出交流电动势，但是由于换向器和电刷的机械整流作用，电枢绕组两端的电动势和电压由交流变成直流。通过接线端子，将电刷两端与直流负载相连接，直流发电机就能向负载提供直流电压和直流电流。

4.2.3 直流电机控制系统

直流电机伺服驱动器的主电结构通常采用H桥，调速大都通过脉宽调制（PWM）方式，其调制方式大致有双极式、单极式和受限单极式三种。PWM是利用数字输出对模拟电路进行控制的一种有效技术，尤其是在对电机的转速控制方面，可大大节省能量。PWM具有很强的抗噪性，且有节约空间、经济性好等特点。模拟控制电路有以下缺陷：模拟电路容易随时间漂移，会产生一些不必要的热损耗，以及对噪声敏感等。而在用了 PWM 技术后，避免了以上的缺陷，实现了用数字方式来控制模拟信号，从而大幅降低了成本和功耗。PWM 方式不同，电机的运行特性以及主电回路的开关损耗和安全性各有不同。无刷直流电机（Brushless DC Motor，BLDCM）通常采用三相全桥主电路结构，以三相六状态方波控制运行，任一状态下有两只开关管受 PWM 控制，其 PWM 调制方式和直流电机的 H 桥 PWM 调制很类似，都是同时两只桥臂受控。直流电机调速 PWM 方式选择应满足技术指标要求。通常直流伺服控制系统大多采用双极控制，可以保证电机电流的连续性等要求，从而保证电机的快速响应性；对于调速系统，通常电机工作在较高转速、较大负载下，这时可选择单极式，或受限单极式，使主电路不易出现直通故障，工作可靠性高。同时，PWM 方式不同，桥式电路功率器件的损耗、热平衡及续流回馈也不尽相同。

4.2.4 实例应用

在研究与开发 QREV 纯电动轿车的过程中采用直流无刷电机转矩闭环控制系统。图 4-3 所示为其直流电机控制系统框图。

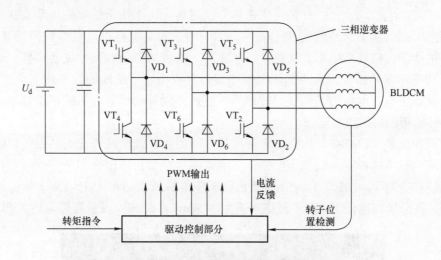

图 4-3 直流电机控制系统框图

在用无刷直流构成各种伺服系统时建立系统的动态数学模型。通过模型得出各种运行方式下的特性曲线，例如转矩—速度特性、转矩脉动以及速度脉动等。其所建立的相电压方程为

$$\begin{bmatrix} u_A \\ u_B \\ u_C \end{bmatrix} = \begin{bmatrix} R_A & 0 & 0 \\ 0 & R_B & 0 \\ 0 & 0 & R_C \end{bmatrix} \begin{bmatrix} i_A \\ i_B \\ i_C \end{bmatrix} + p \begin{bmatrix} L_A & L_{AB} & L_{AC} \\ L_{BA} & L_B & L_{BC} \\ L_{CA} & L_{CB} & L_C \end{bmatrix} \begin{bmatrix} e_A \\ e_B \\ e_C \end{bmatrix} \quad (4-1)$$

式中，u_A、u_B、u_C 为定子相绕组电压；e_A、e_B、e_C 为定子相绕组电动势；p 为微分算子 $p=d/dt$；L_A、L_B、L_C 为定子自感；L_{AB}、L_{AC}、L_{BA}、L_{BC}、L_{CA}、L_{CB} 为定子互感；R_A、R_B、R_C 为定子电压；i_A、i_B、i_C 为定子电流。

电磁转矩方程为

$$T_e = \frac{1}{\Omega}(e_A i_A + e_B i_B + e_C i_C)$$ （4-2）

式中，Ω 为电机机械角速度（rad/s）。

运动方程为

$$p\Omega = \frac{1}{J}(T_e - T_L - R_\Omega \Omega)$$ （4-3）

式中，T_L 为负载转矩；R_Ω 为旋转阻力系数；J 为系统转动惯量。

4.3 永磁同步电机驱动系统

同步电机是以磁场为媒介进行电能和机械能相互转换的电磁装置，在电动汽车中起到了将电池中的电能转换为驱动车辆的机械能，或将汽车制动时多余的机械能转换为电能存储在电池中的作用。为了在电机内建立电能转换所必需的气隙磁场；一种是采用电机内绕组通以电流来产生磁场；另一种是由永磁体产生磁场。由于稀土钴永磁体和钕铁硼永磁体都是高剩磁、高矫顽力、高磁能积永磁体，用于制造永磁电机可以获得较强的气隙磁场，减小了电机体积，使其质量小、损耗少、效率高，电机的形状和尺寸灵活多样，适合于车用电机高功率密度的需求。永磁同步电机在运行过程中定子绕组通以三相对称交流电流，在电机气隙中建立与电机转子同步旋转磁场，通过控制算法调节电流的相位与频率，实现电机在全转速范围内的稳定运行。

永磁同步电机（PMSM）具有功率密度高、转矩大、效率高等优点。目前，国内外燃料电池电动汽车多选择将永磁同步电机作为驱动电机。如：丰田汽车公司开始发售第二代 Mirai 氢燃料电池轿车（图 4-4），采用的永磁同步电机最大功率为 134kW，峰值转矩达到 300N·m，百公里加速仅需 9.6s，最高车速为 175km/h，最大续驶里程可以达 550km。

图 4-4 第二代 Mirai 氢燃料电池轿车

4.3.1 永磁同步电机的结构及特点

永磁同步电机主要由定子（总成）、转子（总成）、机壳、端盖、轴、旋变组件等主要零部件组成，如图4-5所示。定子与普通交流电机基本相同，由电枢铁心和电枢绕组构成。电枢铁心采用叠片结构以减小电机运行时的铁耗；电枢绕组可以采用集中绕组或分布短距绕组；对于极数较多的电机，还可以采用分数槽绕组。

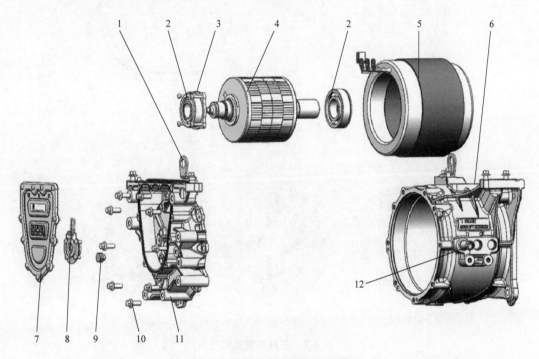

图4-5 永磁同步电机结构示意图

1—起吊环 2—轴承 3—轴承压板 4—转子 5—定子 6—机壳 7—旋变盖板
8—旋变组件 9—呼吸器 10—螺栓 11—端盖 12—水嘴

机壳通常采用液冷结构，对电机进行冷却。转子主要由永磁体、转子铁心和转轴构成。转子结构的选择要兼顾低速恒转矩区域的出力和高速恒功率区域的弱磁扩速性能，尽量提高直轴电枢反应电感和凸极率，增大弱磁能力和磁阻转矩分量，提高电机与逆变器容量的利用率。同时，还要避免转子中永磁体的不可逆退磁；确保转子有足够的机械强度，以保证电机在最高转速下能安全可靠运行。

按照永磁体在转子上位置的不同，永磁同步电机的磁极结构可分为表面式和内置式两种。

1）表面式转子磁路结构。表面式转子磁路结构中，永磁体通常呈瓦片形，并位于转子铁心的外表面上，永磁体提供磁通的方向为径向。表面式转子磁路结构又分为凸出式和嵌入式两种，如图4-6所示。

2）内置式转子磁路结构。按永磁体磁化方向与转子旋转方向的相互关系，内置式转子结构又可分为径向式、切向式和U型混合式三种，如图4-7所示。

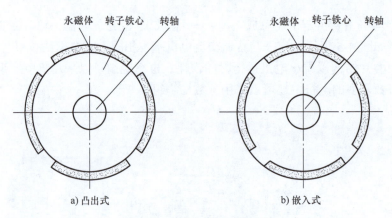

图 4-6 表面式转子磁路结构

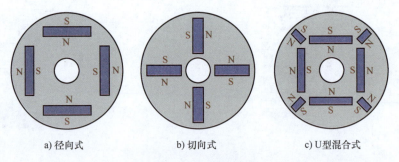

图 4-7 三种内置式转子

永磁同步电机与其他电机相比，具有以下优点：

① 用永磁体取代绕线式同步电机转子中的励磁绕组，从而省去了励磁线圈、集电环和电刷，以电子换向实现无刷运行，结构简单、运行可靠。

② 永磁同步电机的转速与电源频率间始终保持准确的同步关系，控制电源频率就能控制电机的转速。

③ 永磁同步电机具有较硬的机械特性，对于因负载的变化而引起的电机转矩扰动具有较强的承受能力，瞬间最大转矩可以达到额定转矩的 3 倍以上，适合在负载转矩变化较大的工况下运行。

④ 永磁电机转子为永久磁体，无需励磁，因此电机可以在很低的转速下保持同步运行，调速范围宽。

⑤ 永磁同步电机与异步电机相比，不需要无功励磁电流，因而功率因数高，定子电流和定子铜耗小，效率高。

⑥ 体积和质量都小。近年来，随着高性能永磁材料的不断应用，永磁同步电机的功率密度得到很大提高，比起同容量的异步电机来，体积和质量都有较大的减少，使其适合应用在许多特殊场合。

⑦ 结构多样化，应用范围广。

永磁同步电机还存在以下缺点：

① 由于永磁同步电机转子为永磁体，无法调节，必须通过加定子直轴去磁电流分量来削弱磁场，这会增大定子的电流，增加电机的铜耗。

② 永磁同步电机的磁钢价格较高。

由此可见，永磁同步电机有体积小、质量小、转动惯量小、功率密度高（可达 1kW/kg）的特点，适合电动汽车空间布置；另外，转矩惯量比大，过载能力强，尤其低转速时输出转矩大，适合电动汽车的起动加速。因此，永磁同步电机得到国内外电动汽车界的广泛重视，并已在中国、日本得到了普遍应用，新研制的电动汽车大都采用永磁同步电机驱动。

4.3.2 永磁同步电机的工作原理

（1）电枢反应

永磁同步电机带负载时，气隙磁场是永磁体磁动势和电枢磁动势共同建立的。电枢磁动势对气隙磁场有影响，电枢磁动势的基波对气隙磁场的影响称为电枢反应。电枢反应不仅使气隙磁场波形发生畸变，而且还会产生去磁或增磁作用，因此，气隙磁场将影响永磁同步电机的运行特性。

对永磁同步电机进行分析时，需要采用双反应理论，即需要把电枢电流和电枢电动势分解成交轴和直轴两个分量。交轴电枢电流产生交轴电枢电动势，发生交轴电枢反应；直轴电枢电流产生直轴电枢电动势，发生直轴电枢反应。

（2）电压方程式

忽略磁饱和效应的影响，永磁同步电机的电压平衡方程式为

$$U = R_i + L\frac{di}{dt} + \frac{\partial L}{\partial \theta}\Omega_i \tag{4-4}$$

式中，R_i 为电阻压降；$L\frac{di}{dt}$ 为感应电动势；$\frac{\partial L}{\partial \theta}\Omega_i$ 为运动电动势；θ 为转子机械角位移；Ω 为转子机械角速度。

（3）功率与转矩

转矩平衡方程为

$$T_m = T_{mec} + T_J + T_R = T_{mec} + J\frac{d^2\theta}{dt^2} + R_\Omega\frac{d\theta}{dt} \tag{4-5}$$

式中，T_m 为电机电磁转矩；T_{mec} 为输出机械转矩；$T_J = J\frac{d^2\theta}{dt^2}$ 为惯性转矩；$T_R = R_\Omega\frac{d\theta}{dt}$ 为阻力转矩；电机的电磁功率 P_m 为

$$P_m = T_m\Omega \tag{4-6}$$

（4）运行特性

永磁同步电机的运行特性主要是机械特性和工作特性。永磁同步电机稳态正常运行

时，转速始终保持同步速不变。因此，其机械特性为在一定转矩范围内变化时转速不变，调节电源频率来调节电机转速时，转速将严格地与频率成正比例变化。

永磁同步电机的工作特性是指当电源电压恒定时，电机的输入功率、电枢电流、效率、功率因数等随输出功率变化而变化的关系。

4.3.3 永磁同步电机控制系统

（1）恒压频比开环控制（VVVF）

VVVF的控制变量为电机的外部变量即电压和频率。控制系统将参考电压和频率输入到实现控制策略的调制器中，最后由逆变器产生一个交变的正弦电压施加在电机的定子绕组上，使之运行在指定的电压和参考频率下。按照这种控制策略进行控制，使供电电压的基波幅值随着速度指令成比例地线性增长，从而保持定子磁通的近似恒定。VVVF控制策略简单，易于实现，转速通过电源频率进行控制，不存在异步电机的转差和转差补偿问题。但同时，由于系统中不引入速度、位置等反馈信号，因此无法实时捕捉电机状态，致使无法精确控制电磁转矩；在突加负载或者速度指令时，容易发生失步现象；也没有快速的动态响应特性。因此，VVVF方法控制电机磁通而没有控制电机的转矩，控制性能差。通常只用于对调速性能要求一般的通用变频器上。

（2）矢量控制

矢量控制理论的基本思想：以转子磁链旋转空间矢量为参考坐标，将定子电流分解为相互正交的两个分量（一个与磁链同方向，代表定子电流励磁分量；另一个与磁链方向正交，代表定子电流转矩分量），分别对二者进行控制，获得与直流电机一样良好的动态特性。因其控制结构简单，控制软件实现较容易，已被广泛应用到调速系统中。

永磁同步电机矢量控制策略与异步电机矢量控制策略有些不同。由于永磁同步电机转速和电源频率严格同步，其转子转速等于旋转磁场转速，转差恒等于零，没有转差功率，控制效果受转子参数影响小。因此，在永磁同步电机上更容易实现矢量控制。

（3）直接转矩控制（DTC）

不同于矢量控制技术，DTC利用Bang-Bang控制（滞环控制）产生PWM信号，对逆变器的开关状态进行最佳控制，从而获得转矩的高动态性能。DTC具有自己的特点，它在很大程度上解决了矢量控制中存在的一些问题，如计算复杂、易受电动机参数变化的影响、实际性能难以达到理论分析结果等。DTC摒弃了传统矢量控制中的解耦思想，将转子磁通定向更换为定子磁通定向，取消了旋转坐标变换，减弱了系统对电机参数的依赖性，通过实时检测电机定子电压和电流，计算转矩和磁链的幅值，并分别与转矩和磁链的给定值比较，利用所得差值来控制定子磁链的幅值及该矢量相对于磁链的夹角，由转矩和磁链调节器直接输出所需的空间电压矢量，从而达到磁链和转矩直接控制的目的。永磁同步电机直接转矩控制系统的原理结构如图4-8所示。

（4）智能控制

为了提高永磁同步电机的控制性能和控制精度，模糊控制、神经网络控制等开始应用于同步电机的控制。

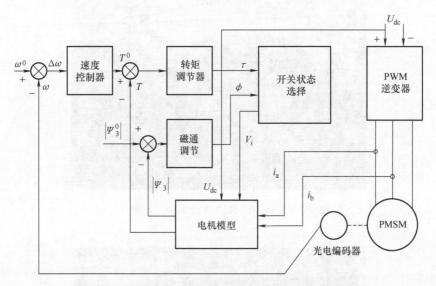

图 4-8 永磁同步电机直接转矩控制系统的原理结构

ω^0—转子旋转电气角速度（电机设定电气角速度） $|\varPsi_3^0|$—设定（输入）定子磁链 $|\varPsi_3|$—实际定子磁链 T^0—设定（输入）电磁转矩 T—实际电磁转矩 ϕ—电机磁链给定值与实际值的误差状态 τ—电磁转矩给定值与实际值的误差状态 U_{dc}—电源电压 ω—电机实际电气角速度 $i_a i_b$—三相电流

采用智能控制方法的永磁同步电机控制系统，在多环控制结构中，智能控制器处于最外环的速度控制器，而内环电流控制/转矩控制仍采用 PI 控制、直接转矩控制这些方法。这主要是因为外环是决定系统的根本因素，而内环主要的作用是改造对象特性以利于外环的控制，各种扰动给内环带来的误差可以由外环控制或抑制。

在永磁同步电机系统中应用智能控制时，也不能完全摒弃传统的控制方法，必须将两者很好地结合起来，使系统的性能达到最优。

4.3.4 实例应用

2018 年，现代推出了全新一代 NEXO 燃料电池电动汽车（图 4-9）。它搭载的第 4 代燃料电池堆，比上一代的体积更小，功率较上一代提高了 20%。永磁同步电机作为直接动力输出源，最大功率和转矩分别是 120kW 和 395N·m，百公里加速时间为 9.5s，整车最高车速可达 176km/h。搭载有三个储氢罐，在充氢 5min 之后可达到超过 800km 的续驶里程。

广汽传祺 Aion LX Fuel Cell 如图 4-10 所示。该车型是一款基于广汽 GEP 2.0 平台开发的燃料电池电动汽车。新车前脸造型借鉴了钢铁侠动力核心的设计元素，尾部搭载有两个 70MPa 储氢瓶，容量分别为 53L 和 77L，可以储存 5.2kg 氢燃料，3～5min 就可完成加氢。前部的机舱内，燃料电池系统额定功率超过 68kW，最高效率达 62.2%。而永磁同步驱动电机最大输出功率为 150kW，最大转矩可达 350N·m；车辆加满氢后续驶里程超过 650km，并可在 -30℃ 的环境中实现无需外部热源一键冷启动。

图 4-9　全新一代 NEXO 燃料电池电动汽车

图 4-10　广汽传祺 Aion LX Fuel Cell 燃料电池电动汽车

上汽 MAXUS EUNIQ 7（图 4-11）是基于上汽 MAXUS G20 打造的燃料电池 MPV。它搭载 83.5kW 的电堆以及 70MPa 的储氢系统，仅 3~5min 即可加满氢，续驶里程超过 605km。与之相匹配的永磁同步电机最大功率可达 150kW，最大转矩为 310N·m，百公里加速时间为 10.9s。

图 4-11　上汽 MAXUS EUNIQ 7 燃料电池 MPV

4.4 异步电机驱动系统

本节介绍交流电机的知识。从应用角度来分,交流电机包括交流发电机和交流电动机。从交流电机的结构来分,可分为同步电机和异步电机。其中,同步电机多用作发电机,异步电机多用作电动机。按照相数来分,异步电机可分为单相异步电机、两相异步电机和三相异步电机。其中,三相异步电机在驱动系统中应用最为广泛。因此,本节着重介绍三相异步电机的理论知识。

4.4.1 交流感应电机的结构及特点

异步电机包括绕线转子异步电机和笼型异步电机。由于笼型异步电机具有结构简单、工作可靠、制造成本低、维修方便,且功率/转矩密度较高等优点,从20世纪90年代开始,伴随着电力电子功率器件及变流技术的发展,逐步取代直流驱动电机,在1990—2010年间成为电动汽车的主流驱动电机。

（1）异步电机的结构

图4-12为水冷异步驱动电机（铸铝转子）的典型结构,其主要零部件由定子、转子、端盖、轴承、旋转变压器（测速系统）等组成。与永磁同步电机结构对比可以看出,除了转子结构和测速系统外,异步电机的定子、端盖、轴承等均与永磁驱动电机零部件相同。图4-12给出了水冷异步驱动电机（铸铝转子）的典型结构。

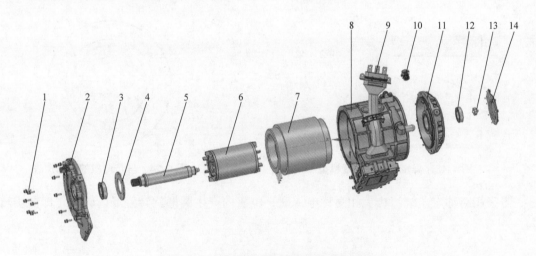

图4-12 水冷异步驱动电机的典型结构

1—螺栓 2—传动端端盖 3—传动端轴承 4—轴承盖 5—转轴 6—铸铝转子 7—嵌线定子 8—机座 9—高压线束 10—低压插件 11—非传动端端盖 12—非传动端轴承 13—速度传感器 14—盖板

（2）异步电机的特点

异步电机的基本特点是转子绕组不需与其他电源相连,其定子电流直接取自交流电力系统。与其他电机相比,异步电机的结构简单,制造、使用、维护方便,运行可靠性高,质量小,成本低。

异步电机与同功率、同转速的直流电机相比,前者的质量只有后者的1/2,成本仅为1/3。异步电机还容易按不同环境条件的要求派生出各种系列产品。它还具有接近恒速的负载特性,能满足大多数工农业生产机械拖动的要求。

异步电机的局限性是,其转速与旋转磁场的同步转速有固定的转差率,因而调速性能较差,在要求有较宽广的平滑调速范围的使用场合,不如直流电机经济、方便。此外,异步电机运行时,从电力系统吸取无功功率以励磁,这会导致电力系统的功率因数下降。因此,在大功率、低转速场合不如用同步电机合理。

4.4.2 异步电机的工作原理

异步电机的物理模型如图4-13所示。假设磁场以转速n_1逆时针旋转,旋转磁极中有闭合线圈,静止的闭合线圈相对于磁场运动,顺时针切割磁场产生感应电动势e,因为线圈闭合,产生感应电流i,带电流的导体在磁场中受到逆时针方向力的作用,从而产生电磁转矩,并使电机开始以转速n旋转。

实际异步电机是由固定在机座上的定子和旋转的转子组成的,并且定子和转子之间有一定的气隙。其中定子产生旋转磁场,转子在磁场中感应电动势并且受到力的作用旋转,从而达到把电能转换成机械能的目的。定子是由定子铁心和分布在定子铁心内圆的三相定子绕组组成的;转子是由转子铁心和转子绕组组成的。

异步电机的工作原理可用图4-14说明,图中F_y是指磁场方向,f是各导条受力方向。

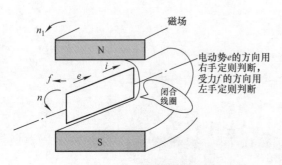

图4-13 异步电机的物理模型

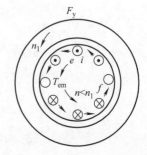

图4-14 异步电机的工作原理

当三相对称定子绕组接三相对称电源时,电机内产生圆形旋转磁场的转速(即同步转速)为

$$n_1 = \frac{60 f_1}{p}$$

式中,n_1为同步转速(r/min);f_1为电源频率,也是驱动电机定子电流频率(Hz);p为极对数。

假设旋转磁场为逆时针方向旋转。若转子不转,转子笼型导条与旋转磁场有相对运动,在导条中产生感应电动势e,方向由右手定则确定。因转子导条彼此在端部短路,故感应电动势在闭合回路内产生电流i。忽略感应电动势与导条电流的相位差,电流方向与感应电动势同方向。这样，用左手定则可以确定导条的受力方向，转子受力后产生电磁转矩，方向与旋转磁场相同，转子便在该方向上旋转起来。

转子旋转后，转速为 n，只要 $n < n_1$，转子导条与磁场之间就有相对运动，产生与转子不转时相同方向的感应电动势、电流及力，电磁转矩仍为逆时针方向，转子继续旋转，直到驱动电机稳定运行。

从异步电机的运行原理可以看出，异步电机工作原理是基于"电磁感应原理"，因此异步电机又称为"感应电机"。

4.4.3 异步电机模型及控制

转子磁链定向条件下的异步电机模型的电磁转矩和电压方程可以分别表示为式（4-7）和式（4-8）：

$$T_e = p \frac{L_m}{L_r} i_{sq} \psi_r$$

$$\psi_r = \frac{L_m}{1 + \tau_r p} i_{sd} \quad (4\text{-}7)$$

式中，ψ_r 为转子磁链；p 为电机极对数；T_e 为电磁转矩；τ_r 为转子时间常数；i_{sq} 为定子电流 q 轴分量；i_{sd} 为定子电流 d 轴分量；L_m 为定子互感；L_r 为转子自感；p 为极对数。

$$\begin{bmatrix} u_{s\alpha} \\ u_{s\beta} \\ 0 \\ 0 \end{bmatrix} = \begin{bmatrix} R_s + pL_s & 0 & pL_m & 0 \\ 0 & R_s + pL_s & 0 & pL_m \\ pL_m & \omega_r L_m & R_r + pL_r & \omega_r L_r \\ -\omega_r L_m & pL_m & -\omega_r L_r & R_r + pL_r \end{bmatrix} \begin{bmatrix} i_{s\alpha} \\ i_{s\beta} \\ i_{r\alpha} \\ i_{r\beta} \end{bmatrix} \quad (4\text{-}8)$$

式中，R_s 为定子电阻；L_s 为定子自感；R_r 为转子电阻；L_r 为转子自感；L_m 为定子互感；ω_r 为电机转子角速度，即机械角速度；$u_{s\alpha}$、$u_{s\beta}$ 分别为定子电压 α、β 分量；$i_{s\alpha}$、$i_{s\beta}$ 分别为定子电流 α、β 分量；$i_{r\alpha}$、$i_{r\beta}$ 分别为转子电流 α、β 分量。

目前对异步电机的调速控制主要有恒压频比开环控制、转差控制、矢量控制和直接转矩控制等。

恒压频比开环控制实际上只控制了电机磁通而没有控制电机的转矩，采用这样的控制系统对异步电机来讲谈不上控制性能，通常只用于对调速性能要求一般的通用变频器上。

转差控制是根据异步电机电磁转矩和转差频率的关系来直接控制电机转矩的，可以在一定的转差频率范围内、一定程度上通过调节转差来控制电机的电磁转矩，从而改善调速系统的控制性能。但其控制理论是建立在异步电机的稳态数学模型基础上的，它适合于电机转速变化缓慢或者对动态性能要求不高的场合。

（1）异步电机的矢量控制

矢量控制理论采用矢量分析的方法来分析交流电机内部的电磁过程，是建立在交流电机的动态数学模型基础上的控制方法。它模仿对直流电机的控制技术，将交流电机的定子电流解耦成互相独立的产生磁链的分量和产生转矩的分量。分别控制这两个分量就可以实现对交流电机的磁链控制和转矩控制的完全解耦，从而达到理想的动态性能。

① 异步电机矢量控制方式的选择。异步电机矢量控制是基于磁场定向的方法，其调速控制系统的方式比较复杂，常用的控制策略有四种：转子磁场定向矢量控制原理、转差率矢量控制原理、气隙磁场定向矢量控制原理、定子磁场定向矢量控制原理。

② 异步电机矢量控制的特点。矢量控制变频器可以分别对异步电机的磁通和转矩电流进行检测和控制，自动改变电压和频率，使指令值和检测实际值达到一致，从而实现变频调速，大大提高了电机控制静态精度和动态品质。转速精度约为 0.5%，转速响应也较快。采用矢量变频器异步电机变频调速可以达到控制结构简单、可靠性高的效果。其主要表现在：可以从零转速起进行速度控制，调速范围很宽广；可以对转矩实行较为精确的控制；系统的动态响应速度很快；电机的加速度特性很好。

（2）异步电机直接转矩控制

直接转矩控制是将电机输出转矩作为直接控制对象，通过控制定子磁场向量控制电机转速。它不需要复杂的坐标变换，也不需要依赖转子数学模型，只是通过控制 PWM 型逆变器的导通和切换方式，控制电机的瞬时输入电压，改变磁链的旋转速度来控制瞬时转矩，使系统性能对转子参数呈现鲁棒性。并且这种方法被推广到弱磁调速范围。逆变器的 PWM 采用电压空间向量控制方式，性能优越。但同时不可避免地产生转矩脉动，调速性能降低的问题。该方法对逆变器开关频率提高的限制较大，定子电阻对电机低速性能也有较大影响，如在低速区，定子电阻变化引起的定子电流和磁链的畸变，以及转矩脉动、死区效应和开关频率等问题。

（3）异步电机直接转矩控制系统的结构与原理

控制系统主要包括供电交流电源、整流电路、逆变器、BLDC、磁链调节器、转矩调节器电压矢量空间选择单元、转速调节器等。其中磁链角速度估算是否准确对整个控制系统的稳定性有着举足轻重的作用，而磁链、转矩调节器是先进控制算法的核心部分。其结构如图 4-15 所示。

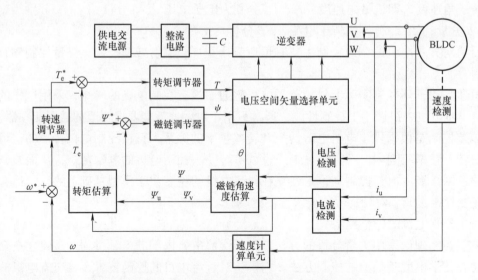

图 4-15 异步电机直接转矩控制系统的结构

(4)直接转矩控制的特点

① 直接转矩控制所需要的信号处理工作简单,所用的控制信号使观察者对于交流电机的物理过程能够做出直接和明确的判断。

② 直接转矩控制大大减少了矢量控制技术中控制性能易受参数变化影响的问题。

③ 直接转矩控制并非极力获得理想的正弦波波形,也不专门强调磁链完全理想的圆形轨迹。相反,从控制转矩的角度出发,它强调的是转矩的直接控制效果,因而它采用离散的电压状态和六边形磁链轨迹或近似圆形磁链轨迹的概念。

④ 直接转矩控制技术对转矩进行直接控制。它的控制效果不取决于电机的数学模型是否能够简化,而是取决于转矩的实际状况,它的控制既直接又简化。

4.4.4 实例应用

2005年1月,在北美国际汽车展上,通用汽车携最新一代的燃料电池电动汽车 Sequel 首次亮相即震撼全场(图4-16)。与传统汽车不同的是,Sequel 不仅使用氢作为替代能源,而且几乎所有控制组件都安装在一个 11in(1in = 25.4mm)厚的"滑板"底盘上,而线传技术带来的安全性、驾驶享受以及设计自由度,让工程师可以摆脱"给定前提"的限定,天马行空地进行汽车外部和内部设计。

图 4-16 通用汽车"Sequel"

Sequel 的驱动系统独立安装了三台轮毂异步电机。一台横向安装的三相 60kW 电机负责驱动前轮,两台三相 25kW 轮毂电机则负责驱动后轮,使总功率达到 110kW,而轮毂电机提供的总转矩达到惊人的 3398N·m,从而给驾驶人带来极大的驾驶乐趣。同时,轮毂电机还可以回收制动能量,提高能源利用率,增强制动效果。Sequel 一次充氢能行驶近 500km,而且由于采用燃料电池作为动力,其排放物只有水,清洁环保。

4.5 开关磁阻电机驱动系统

开关磁阻电机基本上是由可变磁阻步进电机直接衍生而来。开关磁阻电机具有结构简单、制造成本低廉、转矩转速特性好等优点,适合于电动汽车驱动。虽然它的结构简单,但并不意味着其设计和控制也简单。由于其磁极端部的严重磁饱和以及磁极和沟槽的边缘效应,使其设计和控制非常困难和精细。并且还会经常引起噪声大的问题。

4.5.1 开关磁阻电机的结构及特点

(1)开关磁阻电机的结构

开关磁阻电机(Switch Reluctance Motor,SRM)是由双凸极的定子和转子组成,其定子、转子的凸极均由普通的硅钢片叠压而成,如图4-17所示。定子极上绕有集中绕组,把沿径向相对的两个绕组连接起来，称为"一相"；转子既无绕组又无永磁体，仅由硅钢片叠成。

图 4-17　开关磁阻电机结构图

开关磁阻电机有多种不同的相数结构，如单相、二相、四相及多相等，且定子和转子的极数有多种不同的搭配。低于三相的开关磁阻电机一般没有自起动能力。相数多，有利于减小转矩脉动，但结构复杂、主开关器件多、成本增加。目前应用较多的是四相 8/6 极结构和三相 6/4 极结构。下面介绍的开关磁阻电机的四相 8/6 极结构。

（2）开关磁阻电机的特点

开关磁阻电机与其他电机相比，具有以下优点：

① 可控参数多，调速性能好。可控参数有主开关开通角、主开关关断角、相电流幅值、直流电源电压，控制方便，可四象限运行，容易实现正转、反转和电动、制动等特定的调节控制。

② 结构简单，成本低。开关磁阻电机转子无绕组，也不加永久磁铁，定子为集中绕组，比永磁电机及感应电机都简单，制造和维护方便；它的功率变换器比较简单，主开关元件数较少，电子器件少。

③ 损耗小，运转效率高。开关磁阻电机的转子不存在励磁及转差损耗，功率变换器元器件少，相应的损耗也小；控制灵活，易于在很宽转速的范围内实现高效节能控制。

④ 起动转矩大，起动电流小。在 15% 额定电流的情况下就能达到 100% 的起动转矩。

由于开关磁阻电机的特殊结构和工作方式，也存在一些缺点：

① 转矩脉动较大。

② 振动和噪声相对较大，特别是在负载运行的时候。

③ 电机的出线端相对较多，还有位置检测器出线端。

④ 电机的数学模型比较复杂，其准确的数学模型较难建立。

⑤ 控制较为复杂。

4.5.2　开关磁阻电机的工作原理

（1）开关磁阻电机的工作原理

图 4-18 所示为开关磁阻电机的典型结构原理图，电机为双凸极结构。转子仅由叠片叠压而成，既无绕组也无永磁体；定子各极上绕有集中绕组，径向相对极的绕组串联，构成

一相。其工作原理遵循"磁阻最小原理"——磁通总是要沿磁阻最小的路径闭合,因磁场扭曲而产生磁阻性质的电磁转矩。

顺序给 A-B-C-D 相绕组通电,则转子便按逆时针方向连续转动起来。当主开关管 S_1、S_2 导通时,A 相绕组从直流电源 V 吸收电能;而当 S_1、S_2 关断时,绕组电流通过续流二极管 VD_1、VD_2,将剩余能量回馈给电源。因此,开关磁阻电机具有再生的能力,系统效率高。

(2)开关磁阻电机的运行特性

开关磁阻电机运行特性可分为三个区域:恒转矩区、恒功率区和自然特性区(串励特性区),如图 4-19 所示。

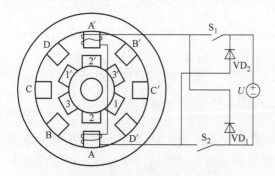

图 4-18 开关磁阻电机的工作原理

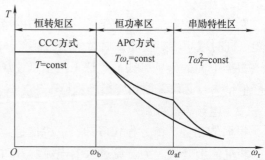

图 4-19 开关磁阻电机的运行特性

4.5.3 开关磁阻电机模型及控制

开关磁阻电机的数学模型可用式(4-9)表示,当励磁管开通及关断时,加在开关磁阻电机相绕组上的电压 U_ϕ、相绕组磁链 $\psi_\phi(i_A, i_B, i_C)$ 及相电流 i_ϕ 之间的关系就是开关磁阻电机的数学模型。

$$U_\phi = \frac{\mathrm{d}\psi_\phi(\theta, i_A, i_B, i_C)}{\mathrm{d}t} + i_\phi r_\phi$$
$$= \omega \frac{\partial \psi_\phi}{\partial \theta_\phi} + \frac{\partial \psi_\phi}{\partial i_A}\frac{\mathrm{d}i_A}{\mathrm{d}t} + \frac{\partial \psi_\phi}{\partial i_B}\frac{\mathrm{d}i_B}{\mathrm{d}t} + \frac{\partial \psi_\phi}{\partial i_C}\frac{\mathrm{d}i_C}{\mathrm{d}t} + i_\phi r_\phi \quad (4-9)$$

式中,U_ϕ 为开关磁阻电机绕组电压;θ 为 t 时刻转子位置角;i_A、i_B、i_C 为三相电流在 A、B、C 方向的分量;ψ_ϕ 为绕组磁链;r_ϕ 为相电阻;ω 为开关磁阻电机的角速度,它是发电系统的输入扰动变量;θ_ϕ 为转子齿相对定子相绕组齿中心线的位置角;i_ϕ 为相电流。

(1)角度位置控制(APC)

角度位置控制是在绕组上的电压一定的情况下,通过改变绕组上主开关的开通角和关断角,来改变绕组的通、断电时刻,调节相电流的波形,实现转速闭环控制。

根据电动势平衡方程式可知,当电机转速较高时,旋转电动势较大,此时电流上升率减小,各相主开关器件的导通时间较短,电机绕组的相电流不易上升,电流相对较小,便于使用角度位置控制方式。

因为导通角和关断角都可调节，所以角度位置控制可分为变导通角、变关断角及同时改变导通角和关断角三种方式。改变导通角，可改变电流波形的宽度、峰值和有效值的大小，还可改变电流波形与电感波形的相对位置，从而改变电机的转矩和转速。而关断角一般不影响电流的峰值，但可改变电流波形的宽度及其与电感曲线的相对位置，进而改变电流的有效值。故一般采用固定关断角、改变导通角的控制方式。

根据 SRM 的转矩特性分析可知，当电流波形主要位于电感的上升区时，产生的平均电磁转矩为正，电机运行在电动状态；当电流波形主要位于电感的下降段时，产生的平均电磁转矩为负，电机工作在制动状态。而通过对导通角、关断角的控制，可以使电流的波形处在绕组电感波形的不同位置。因此，可以用控制导通角、关断角的方式来使电机运行在不同的状态。

角度位置控制的优点在于：转矩调节的范围宽；可同时多相通电，以增加电机的输出转矩，同时减小转矩波动；通过角度的优化，能实现效率最优控制或转矩最优控制。

根据上面的分析可知，此法不适于低速场合。因为在低速时，旋转电动势较小，使电流峰值增大，必须采取相应措施进行限流，故一般用于转速较高的场合。

（2）电流斩波控制

根据电动势平衡方程式可知，电机低速运行特别是启动时，旋转电动势引起的压降很小，相电流上升快。为避免过大的电流脉冲对功率开关器件及电机造成损坏，需要对电流峰值进行限定。因此，可采用电流的斩波控制，获取恒转矩的机械特性。电流斩波控制一般不会对导通、关断角进行控制，它将直接选择在每相的特定导通位置对电流进行斩波控制。

目前常用的有两种方案：对电流上限、下限进行控制；限制电流上限值和恒定关断时间。

电流斩波控制的优点在于：它适用于电机的低速调速系统，可以控制电流峰值的增长，能很好地起到调节电流的作用；因每相电流波形会呈现出较宽的平顶状，使得产生的转矩比较平稳。转矩的波动比其他控制方式下的波动要小。

然而，由于电流的峰值受到了限制，当电机转速在负载的扰动作用下发生变化时，电流的峰值无法做出相应的改变，因此系统在负载扰动下的动态响应较为缓慢。

（3）电压控制（VC）

VC 方式是保持导通角、关断角不变的前提下，使功率开关器件工作在脉冲宽度调制（PWM）方式。通过调节 PWM 波的占空比，来调整加在绕组两端电压的平均值，进而改变绕组电流的大小，实现对转速的调节。若增大调制脉冲的频率，就会使电流的波形比较平滑，电机噪声减小，但对功率开关器件工作频率的要求就会增大。

按照续流方式的不同，VC 分为单管斩波方式和双管斩波方式。单管方式中，连接在每相绕组中的上、下桥臂的两个开关管只有一个处于斩波状态，另一个一直导通。而双管斩波方式中，两个开关管同时导通和关断，对电压进行斩波控制。考虑到系统效率等因素，实际应用中一般常用单管方式。

电压控制的优点在于，通过调节绕组电压的平均值来调节电流，因此可用在低速系统和高速系统，且控制简单，但它的调速范围有限。

在实际的开关磁阻电机运用中，也可以采用多种控制方式相组合的方法。如高速角度控制和低速电流斩波控制组合，变角度电压斩波控制和定角度电压斩波控制等。这些组合方式各有优势及不足，因此必须针对不同的应用场合和不同的性能要求，合理地选择控制方式，才能使电机运行于最佳状态。

根据系统性能要求的不同，控制电路的具体结构形式会有很大差异，但一般均应包含以下功能：

① 用于接受外部指令信号，如起动、转速、转向信号的操作电路。

② 用于比较给定量与控制量，并按规定算法计算出控制参数的调节量。

③ 用于决定控制电路的工作逻辑，如正反转相序逻辑、高低速控制方式的工作逻辑电路等。

④ 用于检测系统中的有关物理量，如转速、角位移、电流和电压等。

⑤ 当系统中某些物理量超过允许值时，采取相应保护措施的保护电路，如过电压保护和过电流保护。

⑥ 用于控制各被控量信号的输出电路，如控制功率开关器件的导通与关断。

⑦ 用于指示系统的工作状况和参数状态显示电路，如指示电机转速、指示故障保护情况等。

思考题

1. 燃料电池电动汽车对电机及电机驱动系统各有哪些要求？
2. 简述永磁同步电机驱动系统的结构及工作原理。
3. 简述交流感应电机驱动系统的结构及工作原理。
4. 简述开关磁阻电机驱动系统的结构及工作原理。
5. 试比较永磁同步电机与交流感应电机的结构异同。
6. 目前，在燃料电池乘用车和商用车上多采用哪种类型的电机？

参考文献

[1] 欧阳明高. 中国新能源汽车的研发及展望 [J]. 科技导报，2016，34（6）：13-20.

[2] 欧阳明高. 坚持"纯电驱动"技术转型战略不动摇 [J]. 新能源经贸观察，2019（5）：48-50.

[3] 王学军，王艺贝，闫琳. 新能源汽车关键技术及其创新路径选择——以电机驱动系统技术为例 [J]. 科技和产业，2017，17（9）：70-74.

[4] 智恒阳，文彦东，赵慧超，等. 电动汽车用驱动电机系统标准要求及应对措施 [J]. 汽车技术，2017（4）：6-10.

[5] 《中国公路学报》编辑部. 中国汽车工程学术研究综述·2017[J]. 中国公路学报，2017，30（6）：1-197.

[6] 苟亚凤，钟再敏，王心坚，等. 新能源汽车电驱动系统失效电安全与转矩安全分析 [J]. 微特电机，2013，41（11）：22-26.

[7] 马建, 刘晓东, 陈轶嵩, 等. 中国新能源汽车产业与技术发展现状及对策 [J]. 中国公路学报, 2018, 31（8）: 1-19.

[8] 严蓓兰. 新能源汽车电机发展趋势及测试评价研究 [J]. 电机与控制应用, 2018, 45（6）: 109-116.

[9] 唐丽婵, 齐亮. 永磁同步电机的应用现状与发展趋势 [J]. 装备机械, 2011（1）: 7-12.

[10] 马东辉, 吴煜, 王猛猛. 电机在新能源汽车上的应用 [J]. 林业机械与木工设备, 2013, 41（6）: 13-17.

[11] 李耀华, 马建, 刘晶郁, 等. 电动汽车用永磁同步电机驱动系统控制策略比较研究 [J]. 汽车工程, 2013, 35（5）: 413-417.

[12] 尹安东, 于霞. 燃料电池电动汽车驱动系统及其控制技术 [J]. 农业装备与车辆工程, 2007（4）: 33-35.

[13] 陈树勇, 陈全世, 仇斌, 等. 燃料电池城市客车动力驱动系统的合理匹配研究 [J]. 公路交通科技, 2008（6）: 147-153.

[14] 温传新, 王培欣, 花为. 电动汽车驱动系统的研究现状与发展趋势 [J]. 微电机, 2019, 52（10）: 103-109.

[15] 张兴华, 孙振兴, 王德明. 电动汽车用感应电机直接转矩控制系统的效率最优控制 [J]. 电工技术学报, 2013, 28（4）: 255-260.

[16] 翟德文, 李军伟, 蔡良生, 等. 基于模型设计的电动车用交流感应电机控制系统开发 [J]. 农业装备与车辆工程, 2016, 54（12）: 6-9.

[17] 陈禹, 易灵芝, 李济君, 等. 燃料电池汽车用三输入直流变换器能量管理策略 [J]. 电力系统及其自动化学报, 2016, 28（12）: 42-48.

[18] 李哲, 郑玲, 杨威, 李以农, 等. 开关磁阻电机转矩脉动及结构优化设计研究 [J]. 电机与控制学报, 2018, 22（6）: 11-21.

[19] 刘俊骏, 宋雨茜, 欧俊阳. 燃料电池电动汽车驱动电机及其控制技术 [J]. 科技风, 2016（15）: 51-52.

[20] 虞铭, 翁正新. 燃料电池汽车动力系统选型设计 [J]. 科技信息, 2011（10）: 510-511.

[21] 刁统山, 张迎春, 严志国, 等. 开关磁阻电机驱动系统综合实验设计 [J]. 实验技术与管理, 2020, 37（12）: 63-66.

[22] 乔振宇, 黄鑫. 开关磁阻电机控制系统在电动汽车中的应用 [J]. 时代汽车, 2020（21）: 107-108.

[23] 陈青峰, 袁宇浩, 吕明琪. 电动汽车开关磁阻电机驱动控制仿真研究 [J]. 计算机仿真, 2017, 34（7）: 145-149.

[24] 吴红星, 丁钊, 赵国平, 等. 开关磁阻电机发电及其控制方法综述 [J]. 微电机, 2014, 47（4）: 78-85.

[25] 韩雪岩, 佟文明, 唐任远. 非晶合金在电机中的应用 [J]. 电工电能新技术, 2014, 33（12）: 46-52.

[26] 王立军, 张广强, 李山红, 等. 铁基非晶合金应用于电机铁芯的优势及前景 [J]. 金属功能材料, 2010, 17（5）: 58-62.

[27] 朱健，曹君慈，刘瑞芳，等. 电动汽车用永磁同步电机铁心采用非晶合金与硅钢的性能比较 [J]. 电工技术学报，2018，33（S2）：352-358.

[28] 林鹤云，阳辉，黄允凯，等. 记忆电机的研究综述及最新进展 [J]. 中国电机工程学报，2013，33（33）：57-67.

[29] 林明耀，杨公德，李念. 混合永磁记忆电机系统及其关键技术综述 [J]. 中国电机工程学报，2018，38（4）：1187-1202.

[30] 杨公德，林明耀，李念，等. 混合永磁轴向磁场磁通切换记忆电机分段弱磁控制 [J]. 中国电机工程学报，2017，37（22）：6557-6566.

第 5 章　辅助动力电池系统

受限于当前的技术水平，燃料电池存在难以实现快速功率跟随等要求，无法满足车辆启停、加速、制动等频繁变化工况下的耐久性和可靠性要求。并且由于输出功率的频繁变化会导致燃料电池寿命加速衰减，燃料电池往往需要和其他动力电池搭配组成新能源汽车动力系统。

5.1　动力电池的种类及结构

动力电池是指在汽车上配置使用的、能够储存电能并可再充电的、为驱动汽车行驶提供能量的装置。由于在汽车应用领域的关键性，动力电池被比作新能源汽车的心脏。除锂离子电池外，燃料电池汽车上使用的动力电池还包括铅酸电池、镍镉电池、镍氢电池、锂离子电池等。表 5-1 为几种常见的动力电池对比。

表 5-1　几种常见的动力电池对比

电池类型	铅酸电池 （Lead Acid）	镍镉电池 （Ni-Cd）	镍氢电池 （Ni-MH）	锂离子电池 （Li-ion）
体积能量密度/(W·h/L)	50~80	80~150	100~300	250~400
质量能量密度/(W·h/kg)	30~45	40~60	60~80	90~160
循环寿命/次	400~600	600~1000	800~1000	800~1200
成本/(元/W·h)	1~1.5	2~3	3~6	3~5
月自放电率（%）	25~30	25~30	30~35	6~9
环境友好	污染严重	污染严重	环保	无污染
代表车型	传统汽车	—	丰田普锐斯	特斯拉
电池生产企业	—	—	PEVE	LG/松下等

5.1.1　镍氢电池

按照外形不同，镍氢电池可以分为方形镍氢电池和圆形镍氢电池。镍氢电池（图 5-1）主要由正极、负极、隔膜和电解液等组成，正极是活性物质氢氧化镍，负极是储氢合金，用氢氧化钾作为电解质，在正负极之间有隔膜，共同组成镍氢单体电池，在金属铂的催化作用下，完成充电和放电的可逆反应。

镍氢电池的电极极片有发泡体和烧结体两种。带有发泡体电极极片的镍氢电池在出厂时放电截止电压不能低于0.9V，工作电压也不太稳定，特别是在存放一段时间后，会有近20%的电荷流失，老化现象比较严重，为避免发泡镍氢电池老化所造成的内阻增大，镍氢电池在出厂前必须进行预充电。带有烧结体电极极片的镍氢电池，其烧结体极板本身就是活性物质，不需要进行活性处理，也不需要进行预充电，电压平衡、稳定，具有低温放电性能好、不易老化和寿命长的优点。镍氢电池的基本单元是单体电池，按使用要求组合成不同电压和不同电荷量的镍氢电池总成。

镍氢电池原理如图5-2所示，其放电的反应方程式为

正极：$NiOOH + H_2O + e^- \rightarrow Ni(OH)_2 + OH^-$

负极：$MH + OH^- \rightarrow M + H_2O + e^-$

总反应：$MH + NiOOH \rightarrow M + Ni(OH)_2$

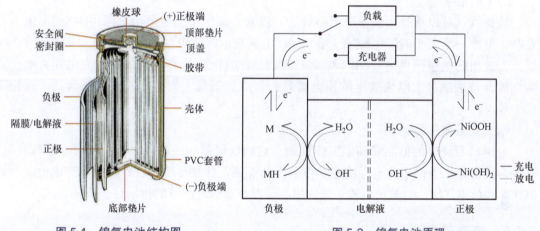

图5-1　镍氢电池结构图　　　　　图5-2　镍氢电池原理

镍氢电池具有无污染、高比能、大功率、快速充放电、耐用性好等许多优异特性，与铅酸电池相比，镍氢电池除具有比能量高、质量轻、体积小等特点之外，还具有以下优点：

① 比功率高，目前商业化的镍氢功率型电池能做到1350W/kg。

② 循环次数多，目前应用在电动车上的镍氢动力电池，80%放电深度（DOD）循环可达1000次以上，为铅酸电池的3倍以上，100%DOD循环寿命也在500次以上，在混合动力汽车中可使用5年以上。

③ 无污染，镍氢电池不含铅、镉等对人体有害的金属，为21世纪"绿色环保电源"。

④ 耐过充电过放电。

⑤ 无记忆效应。

⑥ 使用温度范围宽。正常使用温度范围为30~55℃；储存温度范围为40~70℃。

⑦ 安全可靠。短路、挤压、针刺、安全阀工作能力、跌落、加热、耐振动等安全性、可靠性试验未出现爆炸、燃烧现象。

镍氢电池有4种类型：

（1）标准型

具有镍氢电池的一般标准，这些标准由以下特点组成：

① 使用寿命应在 500～1000 次之间。

② 密封防漏，使镍氢电池成为免维护电池，同时，在使用和储存的正常状态下安全性得到有效保证。

③ 性能稳定，可以在很宽的湿度和温度范围内使用，电池内阻低，大电流放电后仍然有稳定的电压。

④ 适用范围：应急灯、无绳电话、便携电话、遥控器、玩具等，无特殊要求的移动电器几乎都可使用。

（2）高容量型（S 型）

除了具有标准型电池的特点外，由于该类型电池选用性能优异的高分子材料构成，因此能给电器供应较长时间的能量。该款电池主要适用于比较耗电的数码相机。

（3）高倍率型

这是就其可以承受大倍率电流而言的。通常，高倍率镍氢电池可采用 1C 的电流进行充电，电池一个多小时即可充满；在以 5C 电流放电时，电池的中值电压可以达到 1.24V 以上，放出的电量仍可达到 90% 以上。因此，该款电池具有优异的快速充电和大电流放电性能，特别适合大电流放电的用电器具，如电动工具、大型玩具（车仔玩具、遥控飞机）等。

（4）低温和高温型

分别具有优异的低温和高温工作性能，它们仅仅是在主电源出现故障时才进行放电，其寿命是由操作条件来决定，这些操作条件的首要条件是环境温度，其他有充电电流、放电频率和放电深度。这两种电池主要应用在低温和高温环境下的指示灯、应急灯。

5.1.2 锂离子电池

锂离子电池主要由以下 5 个部分组成，如图 5-3 所示。

① 正极。锂离子电池的正极材料为电极电势较高、结构稳定、具有嵌锂能力的层状或尖晶石结构的过渡金属氧化物或聚阴离子型化合物，如钴酸锂、锰酸锂、磷酸铁锂、三元材料等。

② 负极。锂离子电池的负极材料为电位接近锂电位、结构稳定、可大量储锂的层状石墨/金属单质及金属氧化物，如石墨、中间相碳微球、钛酸锂等。

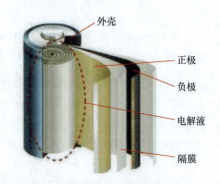

图 5-3 锂离子电池的结构

③ 电解液。电解质是溶有电解质锂盐的有机溶剂，提供锂离子，电解质锂盐有 $LiPF_6$、$LiClO_4$、$LiBF_4$ 等，有机溶剂主要由碳酸二乙酯（DEC）、碳酸丙烯酯（PC）、碳酸乙烯酯（EC）、二甲酯（DMC）等其中的一种或几种混合组成。

④ 隔膜。锂离子电池的隔膜是一种置于正负极之间、防止正负极直接接触且允许锂离子通过的聚烯微多孔膜，如聚乙烯（PE）、聚丙烯（PP），或二者的复合膜、PP/PE/PP 三层隔膜等。

⑤ 外壳。锂离子电池外壳的作用是封装电池,主要有铝壳、盖板、极耳、绝缘片等。

锂离子电池原理如图 5-4 所示,其放电反应方程式如下:

正极反应:$LiCoO_2 = Li_{(1-x)}CoO_2 + xLi^+ + xe^-$

负极反应:$6C + xLi^+ + xe^- = Li_xC_6$

电池总反应:$LiCoO_2 + 6C = CoO_2 + LiC_6$

锂离子电池是一种充电电池,它主要依靠锂离子在正极和负极之间移动来工作。如图 5-4 所示,在充放电过程中,Li^+ 在两个电极之间往返嵌入和脱嵌:充电时,Li^+ 从正极脱嵌,经过电解质嵌入负极,负极处于富锂状态;放电时则相反。

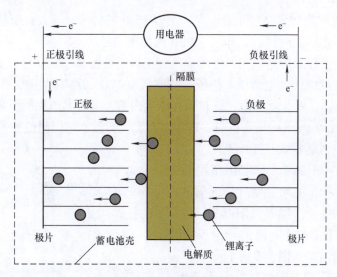

图 5-4 锂离子电池原理

根据不同正极材料,常用锂离子动力电池可以分为钴酸锂电池、锰酸锂电池、磷酸铁锂电池以及三元锂电池,其中以锰酸锂电池和磷酸铁锂电池应用较多。

(1)锰酸锂电池

锰酸锂是较有前景的锂离子正极材料之一,相比钴酸锂等传统正极材料,锰酸锂具有资源丰富、成本低、无污染、安全性好、倍率性能好等优点,是理想的动力电池正极材料,但其较差的循环性能及电化学稳定性却大大限制了其产业化。锰酸锂主要包括尖晶石型锰酸锂和层状结构锰酸锂,其中尖晶石型锰酸锂结构稳定,易于实现工业化生产,如今市场产品均为此种结构。尖晶石型锰酸锂属于立方晶系,理论比容量为 148mA·h/g。由于具有三维隧道结构,锂离子可以可逆地从尖晶石晶格中脱嵌,不会引起结构的塌陷,因而具有优异的倍率性能和稳定性。

(2)磷酸铁锂电池

磷酸铁锂具有无毒、无污染、安全性能好、原材料来源广泛、价格便宜、寿命长等优点,是新一代锂离子电池的理想正极材料。磷酸铁锂电池也有其缺点,例如磷酸铁锂正极材料的振实密度较小,等容量的磷酸铁锂电池的体积要大于钴酸锂等锂离子电池,因此在微型电池方面不具有优势。

磷酸铁锂材料的固有特点决定了其低温性能劣于锰酸锂等其他正极材料。一般情况下，对于单体电池（注意是单只而非电池组，对于电池组而言，实测的低温性能可能会略高，这与散热条件有关）而言，其0℃时的容量保持率约60%~70%，-10℃时为40%~55%，-20℃时为20%~40%。这样的低温性能显然不能满足动力电源的使用要求。当前，一些厂家通过改进电解液体系、改进正极配方、改进材料性能和改善单体电池结构设计等方法使磷酸铁锂的低温性能有所提升。

5.1.3 锌空气电池

锌空气电池也称为锌氧空气电池，是一种体积小、电荷容量大、质量小、能在宽广的温度范围内正常工作、无腐蚀且工作安全可靠的环保电池。

锌空气电池的工作原理是以空气中的氧气为正极活性物质，金属锌为负极活性物质，电解液一般采用碱性或中性的电解质水溶液。锌空气电池是一种半蓄电池半燃料电池。首先，负极活性物质同锌锰、铅等蓄电池一样封装在电池内部，具有蓄电池的特点；其次，正极活性物质来自电池外部的空气中所含的氧，理论上有无限容量，是燃料电池的典型特征。

（1）锌空气电池的构成（图5-5）

糊状的锌粉在阳极端，起催化作用的碳在阴极，电池壳体上的孔可让空气中的氧进入腔体附着在阴极的碳上。同时，阳极的锌被氧化，这与小型银氧或汞氧电池的化学反应类似。锌空气电池的结构如图5-5所示。

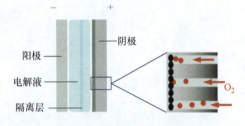

图5-5 锌空气电池结构图

阴极：起催化作用的碳从空气中吸收氧。
阳极：锌粉和电解液的混合物，成糊状。
电解液：高浓度的氢氧化钾水溶液。
隔离层：用于隔离两极间固体粉粒的移动。
电池外表面——镍金属外壳，具有良好的防腐性的导体。

（2）锌空气电池化学方程式

阳极：$Zn + 2OH^- \rightarrow ZnO + H_2O + 2e^-$
阴极：$O_2 + 2H_2O + 4e^- \rightarrow 4OH^-$
综合：$2Zn + O_2 \rightarrow 2ZnO$

通常这种反映产生的电压是1.4V，但放电电流和放电深度会引起电压变化。空气必须能不间断地进入阴极，在阴极壳体上开有小孔以便氧气源源不断地进入才能使电池产生化学反应。图5-6所示为锌空气电池的反应原理。

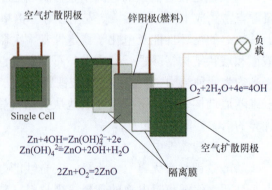

图5-6 锌空气电池的反应原理

（3）锌空气电池的主要类型

① 中性锌空气电池。中性锌空气电池的结构与锌锰圆筒形电池的类同，也采用氯化铵

与氯化锌为电解质，只是在炭包中以活性炭代替了二氧化锰，并在盖上或周围留有通气孔，在使用时打开。

② 纽扣式锌空气电池。纽扣式锌空气电池的结构与锌银扣式电池基本相同，但在正极外壳上留有小孔，使用时可打开。

③ 低功率大荷电量的锌空气湿电池。低功率大荷电量的锌空气湿电池是将烧结或黏结式活性炭电极和板状锌电极组合成电极组浸入盛有氢氧化钠溶液的容器中。

④ 高功率锌空气电池。高功率锌空气电池一般是将薄片状黏结式活性炭电极装在电池外壁上，将锌粉电极装在电池中间，两者之间用吸液的隔膜隔离，上口装有注液塞。使用时注入氢氧化钾溶液。这种电池便于携带。低功率锌空气湿电池和高功率锌空气电池属于临时激活型，活性炭电极能反复使用，因而电池在耗尽电荷量以后，只要更换锌电极和碱液，就可重复使用。

（4）锌空气电池的主要优势

① 比能量大。锌空气电池的比能量是铅酸电池的4~6倍，比锂离子电池的比能量大1倍，以其作为动力的电动汽车的最大续驶里程可达400km，而以同等质量的铅酸电池装同样的车，则一般不大于100km。

② 制造工艺简单，成本低廉。大批量成本约为300~500元$/kV \cdot A \cdot h$，低于铅酸电池。

③ 安全可靠。即使外部遇到明火、短路、穿刺、撞击等情况，也不会发生燃烧、爆炸。

④ 环保。电池正极采用活性炭、铜网，负极采用金属锌，无毒害物质。

⑤ 可再生利用。锌电极使用完后，可通过再生还原得到再次使用。此外，锌电极也可采用机械充电方式，即将用完后的锌电极从电池中取出，放入特制的槽中充电，从而重复使用。

⑥ 由于锌空气电池的充电主要是更换极板，所以极板的再生可以集中进行。极板的分发可像商店一样布点，不必建立专用的充电站。可节约大量先期投资，且使用方便。

（5）锌空气电池的缺点

① 使用成本相对高，充电过程相对复杂。因为锌空气电池通常采用机械充电方式，要求将锌电极取出在专用充电槽中充电，只有专业人员才能进行操作，给使用带来了麻烦，同时也提高了人工费用，造成实际运行成本的附加值较高。

② 实际使用寿命短，为1~2年。这主要是因为电池的结构由塑料包覆空气电极而成，不是完整的塑料槽，因此给电池的密封带来了困难，不少电池在使用一定时间后就出现漏液现象。其次，锌空气电极必须制成多孔状，多孔的电极可以吸附氧气，但同时也吸附部分二氧化碳，使电解液碳酸盐化，致使电池的效率大大下降。

③ 批量生产加工工艺不够成熟。这主要是催化膜和防水透气膜的制造，大多需要半机械操作，存在一些手工因素，导致电极性能有差异。

尽管有以上缺点，但锌空气电池的制造材料普通，构造简单，因此其生产成本低廉，基本上与铅酸蓄电池相等，但容量却是铅酸蓄电池的5倍。

表5-2列举了某厂商生产的几种常见锌空气电池的型号。

表 5-2 几种常见的锌空气电池

型号	最大外形尺寸 / (mm×mm×mm)	注液重量 /kg	额定电压 /V	终止电压 /V	额定电容 /A·h
3PS1200	315×175×242	13.5	≥3.90	2.7	≥1200
3PS1100-II	315×175×242	13.5	≥3.90	2.7	≥1100
PS1200	175×105×242	4.5	≥1.30	0.9	≥1200
3PS1000	315×175×242	12.6	≥3.90	2.7	≥1000
PS1000	182×115×238	4.3	≥1.30	0.9	≥1000
6PS600	315×175×242	13.5	≥7.80	5.4	≥600
6PS500-II	315×175×242	13.5	≥7.80	5.4	≥500
6PS500	315×175×242	12	≥7.80	5.4	≥500
2PS500	182×115×238	4.3	≥2.60	1.8	≥500
2PS250	153×81×233	2.5	2.60	1.8	250

5.1.4 锂硫电池

硫是自然界含量丰富的元素之一，从 20 世纪 70 年代开始被提出作为电池正极使用。它具有 1675mA·h/g 的理论比容量，与金属锂组成的锂硫电池体系拥有 2600W·h/kg 的质量能量密度和 2800W·h/L 的体积能量密度，这种能量密度是现有锂离子电池的 5 倍。另外其主要活性物质硫元素储量丰富，价格低廉，容易制备获取，对环境污染小，因此被认为是一种具有理想应用前景的电池体系。

锂硫电池是由硫复合正极、金属锂负极和两者之间的电解质组成，如图 5-7 所示。由于单质硫为电子的不良导体，硫复合正极一般由单质硫、导电剂和聚合物黏结剂组成。目前广泛采用的锂硫电池电解质为基于有机溶剂和锂盐的有机电解液。金属锂负极在放电过程中失去电子生成锂离子溶于电解质，金属锂不断溶解；而在充电过程中电解质中的锂离子得电子被还原成金属锂不断沉积在电极上。

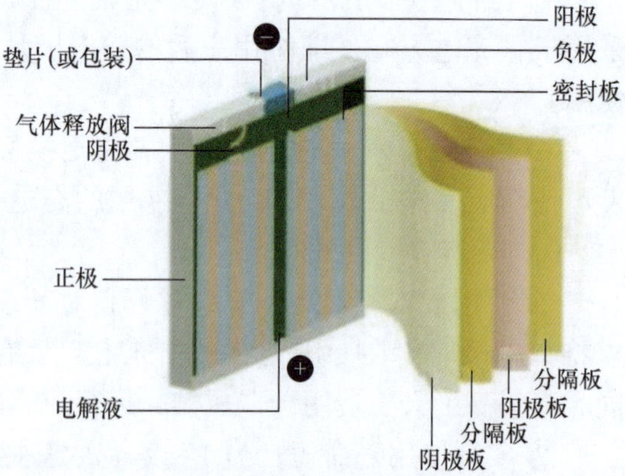

图 5-7 锂硫电池结构图

锂硫电池是通过硫-硫键的电化学断裂和重新键合而实现电能与化学能相互转换的一种新型二次电池体系，其工作原理如图 5-8 所示，这是一个包含多步骤的氧化还原反应，同时伴随着各种硫化物的复杂相转移过程。在放电时，硫得到电子并与 Li^+ 结合生成多硫化物中间体 Li_2S_n（$4 \leq n \leq 8$），其易溶于电解液中，将逐步脱离正极并向电解液中扩散；随着放电程度的加深，多硫化物进一步被还原，最终生成在电解液中溶解度极低的 Li_2S_2 或 Li_2S；而在充电过程中，放电产物 Li_2S_2 和 Li_2S 失去电子，逐步被氧化成多硫化物中间体，并最终重新生成单质硫。基于硫的多步骤反应机理，锂硫电池的放电过程具体可拆分为四个阶段。

第1阶段：单质硫 S_8 向 Li_2S_8 转变的固/液两相还原过程，对应于放电曲线在 2.2～2.4V 区间的高电位平台。此时，生成的 Li_2S_8 溶解于电解液中，变成一种液态电极，从而在正极中留下大量空余的孔洞，反应式为

$$S_8+2Li \rightarrow Li_2S_8$$

第2阶段：Li_2S_8 向短链 Li_2S_n 转变的液/液单相还原过程。此时放电电压持续下降，生成的多硫化物的 S-S 链长度逐渐减小，但数量不断增加，导致电解液黏度增大，在第二阶段末期达到最大值，反应式为

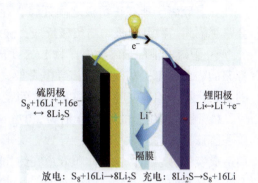

图 5-8 锂硫电池工作原理

$$Li_2S_8+2Li \rightarrow Li_2S_{8-n}+Li_2S_n$$

第3阶段：溶解的短链 Li_2S_n 向不溶的 Li_2S_2 和 Li_2S 转变的液/固两相还原过程，对应于放电曲线在 1.9～2.1V 区间的低电位平台。此时存在二者的相互竞争过程，反应式为

$$2Li_2S_n+(2n-4)Li \rightarrow nLi_2S_2$$

$$Li_2S_n+(2n-2)Li \rightarrow nLi_2S$$

第4阶段：不溶的 Li_2S_2 向 Li_2S 转变的固/固单相还原过程。此时的反应动力学非常缓慢，同时由于 Li_2S_2 和 Li_2S 的绝缘性和不溶性，反应过程将产生高的极化，反应式为

$$Li_2S_2+2Li \rightarrow 2Li_2S$$

在上述四个反应阶段中，第1和第2阶段的自放电程度相对较高，因而对电池容量的贡献较少。而第三阶段贡献电池的主要容量，第4阶段相应地变得非常短，甚至基本消失。

与传统锂离子电池正极材料相比，锂硫电池展现出巨大的优势。其主要表现在：

① 能量密度高。其材料理论比容量和电池理论比能量较高，分别达到 1675mA·h/g 和 2600W·h/kg，远远高于商业上广泛应用的钴酸锂离子电池的容量（<150mA·h/g）。

② 价格低廉。硫在大自然中的储量丰富，地壳中的硫元素丰度为 0.05%。根据美国地质调查局的统计，截至 2002 年，世界硫的储量约 13 亿 t，基础储量约 35 亿 t，因此硫电极活性物的性价比非常突出。低廉的材料价格大大节约了电池的成本，有利于其大规模生产和应用。

③ 低毒、环境友好。对于经典的锂离子电池正极材料，无论是已经大规模商业化应用的 $LiCoO_2$，还是相对较少使用的 $LiNO_2$、$LiMn_2O_4$，以及近期发展迅猛的 $LiNi_{1/3}Co_{1/3}Mn_{1/3}O_2$ 三元材料和 $LiFePO_4$ 等均含有重金属元素，都增加了对电池回收的必要性和成本，而且一旦在回收环节有所疏忽，就容易引发重金属污染，对环境造成不可逆破坏。

锂硫电池存在的问题主要如下：

① 单质硫的电子导电性和离子导电性差，硫材料在室温下的电导率极低（5.0×10^{-30} S·cm），不利于电池的高倍率性能。

② 锂硫电池的中间放电产物会溶解到有机电解液中，增加电解液的黏度，降低离子导电性。多硫离子能在正负极之间迁移，导致活性物质损失和电能的浪费。溶解的多硫化物会跨越隔膜扩散到负极，与负极反应，破坏了负极的固体电解质界面膜（SEI膜）。

③ 锂硫电池的最终放电产物 Li_2S_n（$n=1\sim2$）电子绝缘且不溶于电解液，沉积在导电骨架的表面；部分硫化锂脱离导电骨架，无法通过可逆的充电过程反应变成硫或者是高阶的多硫化物，相当程度地造成了容量的衰减。

④ 硫和硫化锂的密度分别为 $2.07g/cm^3$ 和 $1.66g/cm^3$，在充放电过程中有高达79%的体积膨胀/收缩，这种膨胀会导致正极形貌和结构的改变，导致硫与导电骨架的脱离，从而造成容量的衰减；这种体积效应在纽扣电池下不显著，但在大型电池中体积效应会放大，会产生显著的容量衰减，有可能导致电池的损坏，巨大的体积变化会破坏电极结构。

⑤ 锂硫电池使用金属锂作为负极，除了金属锂自身的高活性，金属锂负极在充放电过程中会发生体积变化，并容易形成枝晶。

⑥ 锂硫电池实验室规模的研究开展较多，单位面积上硫载密度一般都在 $3.0mg/cm^2$ 以下，开展高负载量极片的研究对于获得高性能锂硫电池具有重要价值。

由于理论容量很高，锂硫电池表现出极高的应用潜能。在应用层面，锂硫电池的主要问题在于可溶性多硫化物的形成核扩散以及电极表面绝缘性物质的沉积。目前，主要困难在于缺少对锂硫电池操作和限制机理的机理研究。建议可以从以下几方面入手：

① 优化碳材料的孔结构，尽可能增加硫负载量。

② 限制多硫化物的扩散来提高电池的循环寿命。

③ 通过纳米尺度包覆提高电导率的同时限制多硫化物的扩散和溶解。

④ 设计新型电解质和添加物，提高倍率性能和安全性等。

⑤ 通过原位表征探索电极材料的衰减机理。

随着技术的发展，三维石墨烯渗硫技术最有可能率先实现产业化。

5.2 电池性能指标

电池性能指标即动力电池状态（SOX），包括荷电状态（SOC）、健康状态（SOH）、峰值功率能力（SOP）、内部温度状态（SOT）和安全状态（SOS）。SOX估计是动力电池管理系统的核心功能之一，精确的SOX可以保障动力电池系统的安全可靠工作，优化动力电池系统使用，并为电动汽车的能量管理和安全管理等提供依据。然而，动力电池具有可测参数量有限且特性耦合、即用即衰、强时变、非线性等特征，车载环境应用又面临串并联成组非均一复杂系统、全工况（宽倍率充放电）、全气候（-30~55℃温度范围）的应用需求，高精度、强鲁棒性的动力电池状态估计极具挑战，一直是行业技术攻关的难点和国际学术界研究的前沿热点。

5.2.1 荷电状态（SOC）

（1）SOC的概念

SOC也叫剩余电量，代表的是电池使用一段时间或长期搁置不用后的剩余容量与其完全充电状态的容量的比值,常用百分数表示。其取值范围为 0~1,当 SOC = 0 时表示电池放电完全,当 SOC = 1 时表示电池完全充满。锂离子电池 SOC 不能直接测量,只能通过电池端电压、充放电电流及内阻等参数来估算其大小。而这些参数还会受到电池老化、环境温度变化及汽车行驶状态等多种不确定因素的影响,因此准确的 SOC 估计已成为电动汽车发展中亟待解决的问题。

(2) SOC 的估计方法

动力电池结构复杂,反应繁多,而且车载工况恶劣、多变,作为隐性状态量的 SOC 精确值难以得到,常见的动力电池 SOC 估计方法大致可分为四类:基于表征参数的方法、安时积分法、基于模型的方法以及基于数据驱动的方法,如图 5-9 所示。

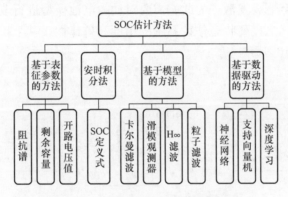

图 5-9 动力电池 SOC 估计方法分类

1) 基于表征参数的方法主要分为两步:

① 建立动力电池表征参数与 SOC 的离线关系。

② 实时计算动力电池表征参数值,并以之标定动力电池 SOC。

应用该方法需满足两个前提:所建立的表征参数与 SOC 的离线关系应该相对稳定,所选表征参数应该是易获取的。可选表征参数包括当前剩余容量、阻抗谱、OCV 等。当前剩余容量可通过放电实验法得到,该方法被认为是确定动力电池 SOC 最为直接的方法。

2) 安时积分法又称为库仑计数法,即利用 SOC 定义估计动力电池 SOC。作为目前动力电池 SOC 计算的核心方法,安时积分法经典易用,应用最为广泛。但它主要存在三个缺陷:

① 动力电池初始 SOC 的精确值难以获得。

② 该方法对于电流传感器的精度要求很高。

③ 因温度变化、电池老化等原因造成的电池容量精确值难以获得。

3) 基于模型的估计方法利用模型和状态估计算法完成 SOC 估计,因此该方法首先需要建立可靠的性能模型,应用滤波算法和观测器,搭建基于模型的 SOC 估计算法框架。

4) 基于数据驱动的方法指基于大量的离线数据,建立并训练动力电池电流、电压、温度等数据与动力电池 SOC 的直接映射关系模型。主要分为三步:

① 离线数据的预处理。

② 模型的建立与训练。

③ 模型的测试。

（3）EKF-SOC 估计算法实例

基于模型的估计方法的性能同时取决于模型与状态估计算法两者的性能。卡尔曼滤波（Kalman Filter，KF）类算法是动力电池 SOC 估计中使用最多的算法。KF 是由美国学者 Kalman 在 20 世纪 60 年代初提出的一种最小方差意义上的最优估计方法，便于计算机实时处理。它提供了直接处理随机噪声干扰的解决方案，将参数误差看作噪声以及把预估计量作为空间状态变量，充分利用测量数据，用递推法将系统及随机测量噪声滤掉，得到准确的空间状态值。但是，最初的 KF 仅适用于线性系统，扩展卡尔曼滤波算法（Extended Kalman Filter，EKF）的提出使其推广到了非线性系统。EKF 应用泰勒展开将动力电池模型线性化，但在线性化的过程中会带来截断误差，进而增大 SOC 估计误差，在某些初值设置不当的情况下甚至造成发散。为此，需要对动力电池模型进行改进和优化，或者使用改进后的卡尔曼滤波算法提高状态估计系统的精度和鲁棒性，基于扩展卡尔曼滤波算法的 SOC 估计流程如图 5-10 所示。

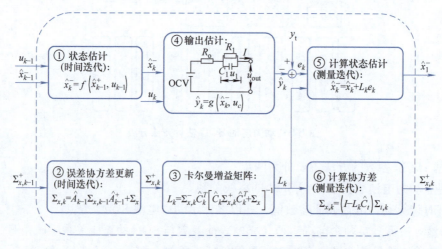

图 5-10 应用 EKF 滤波器的 SOC 算法流程

5.2.2 健康状态（SOH）

（1）SOH 的概念

动力电池的 SOH 与动力电池的老化过程密切相关，而老化最直观的表现为动力电池可释放能量降低和功率等级下降，内部反映为动力电池容量衰减和内阻增加，因此，常将动力电池容量和内阻作为 SOH 的评价指标。一般来说，新动力电池的 SOH 被设定为 100%，对于以动力电池容量需求为主的纯电动汽车而言，可认为动力电池容量达到初始容量的 80% 时动力电池不能满足正常需求；而对于以动力电池功率需求为主的混合动力汽车而言，则常采用两倍的初始内阻值作为动力电池终止使用条件。

（2）SOH 的计算方法

动力电池的存储能力与快速充放电能力均会随着老化而不断下降，而 SOH 正是用于评价动力电池老化程度的量化指标。动力电池 SOC 的准确估计依赖于精确的 SOH 值，预知

SOH 开展的 SOC 估计不具有实用性，仅能为 SOC 估计方法提供初步借鉴。

SOH 估计方法可分为两大类，即试验分析法与基于模型的方法，如图 5-11 所示。前者指通过对采集到的动力电池电流、电压、温度等实验数据进行分析，相对直接地获取某些能反映动力电池衰退的特征参数，从而实现动力电池 SOH 的标定。根据所选动力电池参数的不同，其又可分为直接测量法与间接分析法。而后者则需采用动力电池模型对所选动力电池参数进行估计，以实现动力电池 SOH 的标定。根据所选估计算法的不同，其又可分为自适应状态估计算法与基于数据驱动的方法。

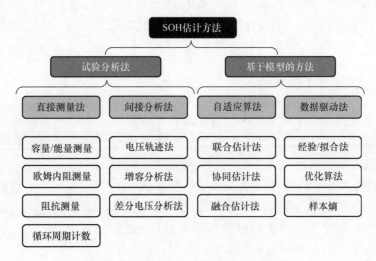

图 5-11 动力电池 SOH 估计方法分类

① 直接测量法指通过直接测量动力电池某些特征参数，并以此来评价动力电池 SOH，主要包括容量/能量测量法、欧姆内阻测量法、阻抗测量法以及循环周期计数法。

② 间接分析法是一种典型的多步推导方法，其不会直接计算出动力电池容量或内阻值，而是通过设计或测量某些能反映动力电池容量或内阻衰退的过程参数，来标定动力电池 SOH。通常将这些过程参数称为健康因子，主要包括 SEI 膜阻抗、动力电池容量 -OCV-SOC 响应面、电压响应轨迹或恒压阶段充电时间、增容（Incremental Capacity，IC）曲线或差分电压（Differential Voltage，DV）曲线、超声波响应特征等。当然，也可以选取两个及两个以上的健康因子共同评价动力电池 SOH。

③ 自适应算法一般需要借助电化学模型或等效电路模型，其通过对模型参数进行辨识，进而完成 SOH 的标定。这类方法的特点在于闭环控制与反馈，以实现估计结果随动力电池电压的自适应调整，其包括联合估计法、协同估计法以及融合估计法等。

④ 基于数据驱动的 SOH 估计方法不依赖精确的数学模型来描述动力电池老化原理与演变过程，其只依赖于历史老化数据，即通过特定的学习算法提取历史数据点的关键老化信息。

（3）基于 SOC 估计值的动力电池 SOH 估计算法实例

基于 SOC 估计值的动力电池 SOH 估计算法（图 5-12）计算流程如下：

① 实时动力电池数据采集，包括电流、电压、温度等，采集数据发送到控制器中，用

于算法的实时运算。

② 基于在线测量数据驱动的模型参数辨识。基于采集数据计算出 Thevenin 模型的 Ri、RD 与 CD，其计算结果用于后续的 SOC 估计。

③ SOC 估计。基于采集数据与在线辨识的参数结果，采用基于 AEKF 的 SOC 估计算法实现 SOC 的准确估计，其计算结果用于后续的可用容量估计。

④ 可用容量估计。在获得动力电池 SOC 估计值后，应判断上述三个边界条件是否满足要求，若是，则可直接推算其可用容量；否则，不更新其可用容量。

5.2.3 峰值功率能力（SOP）

电池 SOP 描述的是电池功率状态，通常用短时峰值功率值来表示。锂离子电池多工作于车辆起步、加速或制动状态，为车辆提供或吸收瞬时的大功率。电池输出/输入的峰值功率直接影响车辆的快速启动、加速和紧急制动能力，进而关系到整车运行的安全性和可靠性。因此，BMS 必须具备对锂离子电池峰值功率即 SOP 的在线估计能力。准确的 SOP 估计结果可以为整车系统的功率分配以及能量控制提供支持和参考，不仅能够保证车辆的运行性能，同时也能够保证车辆的燃油经济性。电池 SOP 是隐性状态量，需要通过对 SOP 建模来实现在线估计。

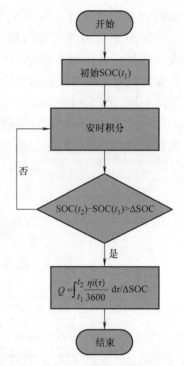

图 5-12 基于 SOC 估计值的动力电池可用容量估计方法

5.2.4 内部温度状态（SOT）

（1）SOT 的概念

随着电动汽车技术的迅速发展，动力电池因其高比功率、高比能量等诸多优点得到广泛应用。但作为燃油代替品，实际使用中潜在的着火、冒烟和漏液等安全问题仍然严重阻碍着电动车辆的规模化应用。因此，动力电池的热管理，尤其是其内部温度的精准监测成为当前研究重点，也是长寿高安全运行的核心与关键。

（2）基于双卡尔曼滤波算法的动力电池内部温度估计

该方法分为两步：

① 通过融合 Bernardi 电池生热模型与热路传热模型，应用状态方程分析法实施了电池内外温度的表达，建立了温度的离散时间系统。

② 利用双扩展卡尔曼滤波，建立电池内部温度和环境参数的实时估计模型，实现了电池内部温度在线估计。

生热模型：本质为化学系统的锂离子动力电池工作时由于不同的充放电倍率将引起时变的产热速率，从而导致电池内外温度的差异。因此，对电池热源的计算与分析是获取其内部温度的基础。电池产热受到温度、老化、荷电状态（State of Charge，SOC）和充放电电流的影响；Bernardi 根据热力学第一定律推导出了电池的产热表达式：

$$Q_{cell} = I\left[(E - U_t) - T\frac{dE}{dT}\right]$$

式中，I 为动力电池充放电电流；E 为动力电池开路电压；U_t 为动力电池端电压；T 为动力电池温度（开尔文温度）；dE/dT 为电池的熵热系数。

热路传热模型：为了求解动力电池内部温度，本书基于以下假设建立 18650 圆柱形电池热模型：

① 电池内部是一个均匀的产热源。
② 电池沿轴向温度均匀分布。
③ 热量仅通过径向方向向外传递。

图 5-13 是该动力电池热路模型的示意图，将电池分别沿轴向方向与径向方向 n 等分，各单元都存在自身的热阻与热容。在轴向方向上，半径相等处的单元热阻与热容为并联关系，而在径向方向上，不同半径处单元的热阻与热容为先并后串关系。

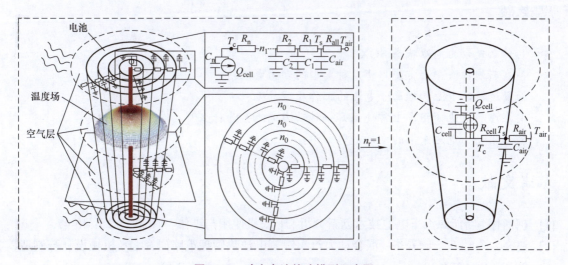

图 5-13 动力电池热路模型示意图

C_{cell}—电池电容　Q_{cell}—电池热量　R_{cell}—电池内阻　C_{air}—空气层电容
R_{air}—空气层阻抗　T_c—电芯温度　T_s—表面温度　T_{air}—环境温度

5.2.5　安全状态（SOS）

随着锂离子电池被用于电动汽车和固定存储应用中，更多的电池单元和更高的能量密度增加了可能发生灾难性事件的风险，需要对电池的安全状态（SOS）进行估计。

基于安全与滥用成反比的概念，给出了一种计算储能系统安全状态的定义和方法。随着后者的增加，前者减少到零。先前描述本质上是定性的，但是没有提供存储系统安全性的数字量化。对于电池测试标准，它们仅定义通过或失败标准。提出的 SOS 状态使用与其他常用状态量（例如 SOC、SOH）相同的范围，取值介于 0（完全不安全）和 1（完全安全）之间。所开发的功能在一个或多个变量（例如电压、温度或机械变形）中组合了任意数量的子功能的效果,每个子功能都描述了滥用的特定情况。这些变量可以由传感器检测或由其他技术估算。通过添加新的子功能或完善现有的子功能,可以使安全状态定义更为笼统。

使用与滥用成反比的方式定义安全:

$$f_{\text{safety}}(x) = \frac{1}{f_{\text{abuse}}(x)}$$

式中,$f_{\text{abuse}}(x)$ 是滥用状态;$f_{\text{safety}}(x)$ 是安全状态;x 表示描述电池行为的所有类型的状态和控制变量,例如、电压、温度、充电和放电电流、内部阻抗、电池膨胀和电池变形等。在给定时间中,随着滥用状态的增加,安全状态将相应降低。为了将 SOS 限制为合理的工作值,我们认为它与 SOC 具有相同的数值范围,从 0 到 1。随着滥用的绝对值变得无限大,安全性值应趋于 0 或完全不安全。当滥用不存在或为零时,安全性值应限制为 1 或完全安全。

思考题

1. 什么是动力电池状态 SOX?
2. 在新能源汽车上常使用哪几种类型的动力电池?
3. 简述镍氢电池和锂离子电池的工作原理。
4. 在燃料电池商用车上常使用哪一种动力电池?为什么?
5. 车用动力电池未来的发展趋势如何?

参考文献

[1] 柯尚伟. 新能源汽车电池技术创新分析 [J]. 农机使用与维修, 2020 (12): 46-47.

[2] 赵亮, 朱建新, 储爱华. 混合动力汽车镍氢电池热管理策略研究 [J]. 机械设计与制造, 2020 (9): 301-304.

[3] 马恩慧. 锂电池的 SOC 估算模型及方法的综述 [J]. 中国科技信息, 2021 (17): 36-38.

[4] XU Y L, MULDER F M. Non-alloy Mg Anode for Ni-MH Batteries: Multiple Approaches Towards a Stable Cycling Performance[J]. International Journal of Hydrogen Energy, 2021, 46 (37): 19642-19553.

[5] 张建军, 董甜甜, 杨金凤, 等. 全固态聚合物锂电池的科研进展、挑战与展望 [J]. 储能科学与技术, 2018, 7 (5): 861-868.

[6] 闫金定. 锂离子电池发展现状及其前景分析 [J]. 航空学报, 2014, 35 (10): 2767-2775.

[7] 戴海峰, 王楠, 魏学哲, 等. 车用动力锂离子电池单体不一致性问题研究综述 [J]. 汽车工程, 2014, 36 (2): 181-188.

[8] 凌艳军. 汽车动力电池系统的设计与制造——评《电动汽车动力电池系统设计与制造技术》[J]. 电池, 2021, 51 (5): 543-544.

[9] 卢兰光，李建秋，华剑锋，等. 电动汽车锂离子电池管理系统的关键技术 [J]. 科技导报，2016，34（6）：39-51.

[10] QIAN M C，XU M J，GUO M. Synergistically Catalytic Enhanced of Zn-N/Co-N Dual Active Sites as Highly Efficient and Durable Bifunctional Electrocatalyst for Rechargeable Zinc-air Battery[J]. Journal of Power Source，2021，15（506）：221-230.

[11] 王其钰，王朔，张杰男，等. 锂离子电池失效分析概述 [J]. 储能科学与技术，2017，6（5）：1008-1025.

[12] 翁晓琳，刘佩佩，刘江，等. 锌空气电池研究进展 [J]. 电源技术. 2019，43（4）：716-719.

[13] 胡铭昌，周雪晴，黄雪妍，等. 无溶剂制备锌空气电极及电池性能 [J]. 储能科学与技术，2021，10（6）：2090-2096.

[14] 洪为臣，马洪运，赵宏博，等. 锌空气电池关键问题与发展趋势 [J]. 化工进展，2016，35（6）：1713-1722.

[15] 马泽. 锌空气燃料电池性能影响因素及性能衰减机理研究 [D]. 北京：清华大学，2015.

[16] ZHANG G Q，ZHANG X G. MnO_2 /MCMB Electrocatalyst for All Solid-state Alkaline Zinc-air Cells[J]. Electrochimica Acta，2004，49（6）：169-173.

[17] 邓南平，马晓敏，阮艳莉，等. 锂硫电池系统研究与展望 [J]. 化学进展，2016，28（9）：1435-1454.

[18] YANG L，LI Q，WANG Y，et al. A Review of Cathode Materials in Lithium-sulfur Batteries[J]. Ionics，2020，26（11）：1-20.

[19] 李宛飞，刘美男，王健. 化学改性碳在锂硫电池中的研究进展 [J]. 物理化学学报，2017，33（1）：165-182.

[20] 陈克，孙振华，方若翃，等. 锂硫电池用石墨烯基材料的研究进展 [J]. 物理化学学报，2018，34（4）：377-390.

[21] AKGENC B，SARIKURT S，YAGMURCUKARDES M，et al. Aluminum and Lithium Sulfur Batteries：a Review of Recent Progress and Future Directions[J]. Journal of Physics：Condensed Matter，2021，33（25）：253-269.

[22] 唐泽勋，叶红齐，韩凯. 锂硫电池硫基复合正极材料发展综述 [J]. 电子元件与材料，2017，36（10）：1001-2028.

第6章 燃料电池电动汽车热管理系统

燃料电池发动机是由燃料电池堆、氢气供给循环系统、空气供给系统、水热管理系统、电控系统和数据采集系统等组成。燃料电池电动汽车热管理系统是从整车的角度考虑燃料电池发动机、动力电池、空调、乘员舱及电驱动系统等相关部件及子系统的匹配、优化与控制，涵盖燃料电池发动机热管理、电机热管理、动力电池热管理、前机舱热管理、车厢热管理系统以及其他大功率电器元件热管理等。从整车角度进行一体化热管理能够有效解决整车热相关问题，使各个子系统处于最佳的温度工况区间，提高整车经济性、动力性和耐久性，保证整车的安全行驶。

6.1 燃料电池发动机热管理

一个典型的氢燃料电池热管理系统循环主要包含：水泵、节温器、去离子器、中冷器、水暖PTC、冷却模块及冷却管路等。燃料电池发动机热管理系统是为了控制燃料电池在一个合适的温度下正常运行。在实际工况中，过高或者过低的温度均会影响燃料电池发动机的性能和寿命，甚至造成整车的运行安全问题。

（1）温度对燃料电池的影响

① 当温度过低时，电池内极化增强，燃料电池的整体输出性能降低；当温度过高时，膜的含水量降低，膜的电导率下降，电池的性能降低。

② 在车用燃料电池中，燃料电池堆的温度分布对电池性能有显著的影响，它决定了水的蒸发和凝结，影响了水的分布。不充分或无效的冷却会导致整个或局部PEMFC温度过高，这样会使得膜脱水、收缩甚至破裂。

（2）温度对辅件的影响

① 空气在进入质子交换膜燃料电池堆之前需要进行加压，压缩后的空气温度会急剧上升，所以在压缩空气进入质子交换膜燃料电池堆之前也需冷却。

② 燃料电池发动机系统中的空压机和空压机控制器、电机和电机控制器、电力变换器等也需要进行冷却以保证其正常工作。

因此，设计一套合理的燃料电池发动机热管理系统，维持燃料电池和相关辅件在合理温度范围内，对燃料电池发动机高效运行至关重要。

6.1.1 燃料电池的热特性分析及散热需求

燃料电池是一种把燃料中的化学能直接转换成电能的装置，也是一个发热装置。在大功率运行过程中，产生电能的同时也会伴随着产生同等甚至更多的热能。质子交换膜燃料电池堆在高功率下的热效率约为50%，这意味着电堆产生多少电功率，就会伴随着等量的热功率产生。因此需要进行有效的热管理来实现燃料电池内部的热平衡，使其在一定的温度范围内工作。PEMFC由若干个单体组成，燃料电池堆热功率 P_{heat} 为

$$P_{heat} = N_{cell}(E_{nernst} - V_{cell})I_{stack} = (N_{cell}E_{nernst} - V_{stack})I_{stack} \qquad (6\text{-}1)$$

式中，N_{cell} 为 PEMFC 的单体数量；V_{cell} 为单个电池的电压；I_{stack} 为电堆的电流。

PEMFC 的电池电压方程主要由浓差极化电压 V_{con}、活化极化电压 V_{act}、欧姆极化电压 V_{ohmic} 和能斯特开路电压 E_{nernst} 构成。对应关系如下：

$$V_{cell} = E_{nernst} - V_{act} - V_{ohmic} - V_{con} \qquad (6\text{-}2)$$

能斯特的开路电压 E_{nernst} 与工作温度、阳极的氢气分压 p_{H_2} 和阴极的氧气分压 p_{O_2} 有关：

$$E_{nernst} = E_o + \frac{\Delta S^0}{2F}(T - 298) - \frac{RT}{2F}\ln\frac{1}{p_{O_2}^{0.5} \times p_{H_2}} \qquad (6\text{-}3)$$

式中，E_o 为标准条件下的电动势；ΔS^0 为每摩尔反应下的熵变；F 为法拉第常数；R 为理想气体常数；T 为运行温度。燃料电池的总反应为

$$H_2(气态) + 0.5O_2(气态) \rightarrow H_2O(液态) \qquad (6\text{-}4)$$

熵变为

$$\Delta S^0 = S(H_2O(液态)) - S(H_2(气态)) - 0.5S(O_2(气态)) \qquad (6\text{-}5)$$

式中，S 为绝对熵，其值随温度变化，不同温度下的熵值可通过查表获得。

当前热管理系统主要分为空冷型和液冷型两大类。空冷方式通常适用于功率为0.100~2kW的PEMFC电堆，液体冷却是目前高功率（>5kW）质子交换膜燃料电池堆中应用最广泛的冷却方式，液体冷却剂通常是热容极高的去离子水或防冻液（如乙二醇和水的混合物），从而保证热管理系统在零下温度正常工作。

6.1.2 空气压缩机和压缩空气热特性分析

在 PEMFC 中，空气被压缩后送入 PEMFC 阴极流场。被压缩后的空气，温度会升高，远远超过设定的温度范围。如果不进行冷却，那么高温高压的空气进入燃料电池阴极后，会对膜造成极大的冲击，造成膜局部失水甚至破裂，进而导致阳极的氢气和阴极的氧气直接发生反应，甚至出现安全事故等。因此，需要相应的冷却系统对压缩空气进行温度调节。

压缩空气的温升计算如下：

$$\Delta T = T_2 - T_1 = \frac{T_1}{\eta_c}\left(\left(\frac{p_2}{p_1}\right)^{\frac{\gamma-1}{\gamma}} - 1\right) \qquad (6\text{-}6)$$

式中，p_1、p_2 为空气压力；T_1、T_2 为空气温度，单位为 K；γ 为绝热效率，值为 1.4；η_c 为绝热效率，具体数值可从空压机手册上获得。

以空气压力为 0.25MPa 的 PEMFC、绝热效率为 0.78 的空压机为例，当此燃料电池堆在 40℃的环境温度下运行时，温度将会上升至 160℃。对高温燃料电池而言，这个温升对于电堆内部反应的预热是非常有用的，但是对于 PEMFC 而言，温度过高，因此压缩后的空气必须被冷却。

压缩空气流量 $\dot{m}$（单位：kg/s）可由下式计算[7]：

$$\dot{m} = 3.57 \times 10^{-7} \lambda \frac{N_{\text{cell}} P_{\text{FC}}}{V_{\text{stack}}} \tag{6-7}$$

式中，N_{cell} 为电池数量；P_{FC} 为燃料电池堆功率；V_{stack} 为燃料电池堆体积；λ 为化学计量数，应至少为 2。但是应当注意的是，当燃料电池在启动时或在低功率区间运行时，空气为过量供应。

此外，压缩空气热功率（P_{airh}）、FC 空压机功率（P_{FCcom}）、FC 空压机热功率 P_{FCcomh}、FC 空压机控制器功率 P_{FCcomc} 和 FC 空压机控制器热功率 P_{FCcomch} 可以由下式计算：

$$P_{\text{airh}} = \dot{m} C_p \Delta T \tag{6-8}$$

$$P_{\text{FCcom}} = P_{\text{air\_heat}} / \eta_{\text{FCcom}} \tag{6-9}$$

$$P_{\text{FCcomh}} = P_{\text{FCcom}} (1 - \eta_{\text{FCcom}}) \tag{6-10}$$

$$P_{\text{FCcomc}} = P_{\text{FCcom}} / \eta_{\text{FCcomc}} \tag{6-11}$$

$$P_{\text{FCcomch}} = P_{\text{FCcomc}} (1 - \eta_{\text{FCcomc}}) \tag{6-12}$$

式中，C_p 为空气的比热容，值为 $1004 \text{J} \cdot \text{kg}^{-1} \cdot \text{K}^{-1}$；$\eta_{\text{FCcom}}$ 为 FC 空压机效率；η_{FCcomc} 为 FC 空压机控制器的效率。

6.1.3 燃料电池热管理系统的结构

燃料电池热管理系统的布置方式对其控制方式和控制效果有着非常重要的影响，传统的燃料电池系统如图 6-1 所示，其结构主要由燃料电池堆、水泵、散热器、膨胀水箱、冷却水管、电子节温器、去离子器等组成。其中，水泵负责冷却管路内冷却液循环，当燃料电池堆温度过高时，水泵可以加大冷却液的流速给电堆进行降温；电子节温器用来控制冷却系统的内外循环，当冷却液温度较低时，电子节温器会控制冷却液流向，使冷却液不经过外部散热器，形成冷却系统的内循环，经过电加热器的升温，保证系统温度能迅速达到电堆设定的工作温度。当冷却液温度不断升高超过系统所需的温度时，电子节温器会慢慢打开，使部分冷却液流经散热器进行散热，此时形成冷却系统的外循环；散热器是冷却液与外界环境热交换的装置；去离子器是降低冷却液电导率的装置，在燃料电池运行中由于冷却液直接和金属接触，冷却液内离子的含量会不断增大，使冷却液的电导率增大，从而影响燃料电池的性能。去离子器通过吸收冷却液内的阴阳离子使冷却液处于绝缘的水平，保证燃料电池的效率。

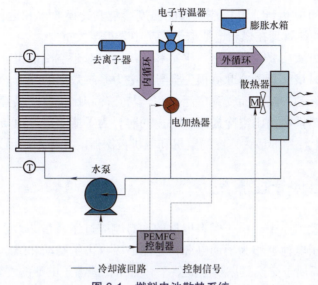

图 6-1 燃料电池散热系统

6.1.4 燃料电池热管理系统的控制策略

燃料电池热管理系统的控制目标为燃料电池堆冷却液入口温度和出口温度,其温度控制执行机构为水泵和散热器风扇。在实际的燃料电池整车中,通过控制散热风扇的电压来控制散热器的进风量,进而控制进入燃料电池堆的冷却液入口温度,通过控制水泵的频率来控制冷却液的流量,进而控制燃料电池堆进出口冷却液的温差,在水泵和散热风扇的协调控制下,最终实现燃料电池堆工作温度的稳定,如图 6-2 所示。但是这种采用两个 PID 控制器的闭环反馈控制方法存在强耦合性,而且温度系统本身具有大惯性、纯时滞和非线性特性,导致系统变载时温度波动较大,调节时间较长。针对这种现状,一般通过加入前馈控制环节,将前馈与反馈控制结合,从而实现水泵和散热器的解耦,提高燃料电池堆热管理系统的响应速度和稳定性,保障燃料电池堆的正常工作特性和寿命。

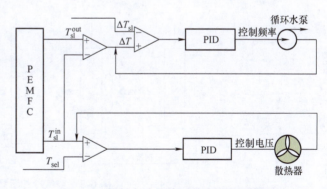

图 6-2 燃料电池热管理系统的控制策略

6.2 电驱动系统热管理

电机是电动汽车驱动的关键部件。在能量转化过程中,电机受到热负荷和载荷负荷,其温度升高是由于其绕组和铁心的能量损失。在高功率密度和高速度的时候,损耗密度也会大大增加,易导致电机绝缘绕组温升较大,进而引起绕组老化变形和导致永磁体导磁性能下降,这对电机的热管理提出了挑战。因此,电机的温度是电机主要性能指标之一,关系到电机能否安全可靠运行。电机控制器的温度影响其转换效率和运行的可靠性。因此，电机和电机控制器的热管理在燃料电池电动汽车中显得至关重要。

电机的热管理方式主要包括空冷、水冷和油冷等。对于空冷电机，需要采用合适的冷却结构来提高冷却风量，而风冷摩擦损失会导致电力系统效率的降低。液体冷却（水冷和油冷）方式因其较好的导热性而受到广泛关注。与空冷相比，液冷热管理方法可以保证电机的高性能，其传热系数相比空冷提高60%。同时，为了能够更好地与整车热管理系统进行集成，目前在车上使用的最为广泛的电机和电机控制器的冷却方式仍为水冷。

6.3 动力电池热管理系统

在燃料电池电动汽车中，由于燃料电池的动态响应过慢，在动力系统中通常会配备一组动力电池（锂离子电池）作为辅助电源，它能够吸收再生制动和燃料电池多余的能量以减少燃料消耗，提高质子交换膜燃料电池效率。然而，锂离子电池的性能对温度极为敏感，为提升动力电池在低温环境下的性能，避免高温环境下动力电池过热，必须对动力电池组进行有效的热管理以确保电池运行在最佳的工作温度范围，同时改善电池的均温性。

电动汽车动力电池热管理系统设计方案多种多样，可采用各类传热介质：空气、液体、相变材料或其他混合介质。目前技术成熟的主要有两种形式：空气冷却和液体冷却。采用空气冷却方式的电池热管理系统具有结构简单、维护方便、成本低廉等优点，因此最早商业化的新能源汽车中，本田Insight和丰田普锐斯便是使用空气冷却（图6-3）。与空气相比，液体具有较高的导热系数和比热容，因此液冷技术已成为电池热管理领域中最有效和最普遍的冷却方式。

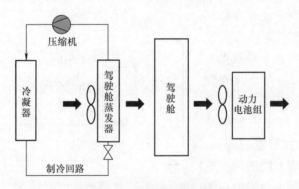

图6-3 空气冷却示意图

1）在空气冷却系统中，根据系统是否存在风扇，空气冷却系统可分为强制空冷系统和自然对流冷却系统。然而，随着车载动力电池的数量越来越多、排列更加紧密、生热功率越来越大，自然对流冷却方式已不能满足电池散热需求。强制空冷系统在控制电池组温度方面的优势更为明显，但需要对电池箱和气体流道结构进行科学的设计，否则容易造成单体电池之间的温差过大。因此，许多学者对空气冷却散热结构进行了深入的研究，探究了电池间距、导流板倾角、空气流速、空气温度及湿度、出风口数量及位置等多个因素对系统散热效果的影响并做出了相应的改进。

2）根据冷却介质是否与电池直接接触，液体冷却可分为直接冷却和间接冷却。直接冷却的冷却介质必须为绝缘体，如乙二醇、矿物油等，从而避免因冷却液与电池直接接触而造成短路。间接冷却方式指在电池包内嵌入与单体电池直接接触的水套，外部水泵作为动力装置驱动水套内冷却液循环流动，电池产生的热量传递给水套并通过冷却液带走。目前，间接冷却方式也是车载动力电池主流的冷却方式，但是这种冷却系统笨重，使得整车重量成几何增长，严重影响了整车经济性和动力性，同时其结构的复杂性使得维护和保养的难度相对较高。

此外，结合整车一体化热管理方案，动力电池还可以采用空调系统的制冷循环为电池冷却液输送冷量。燃料电池电动汽车和纯电动汽车的空调系统可设计成双蒸发器（蒸发器和电池热交换器）的冷却循环。其中，蒸发器布置在驾驶舱的空调箱内满足乘员舱舒适度的需求，电池热交换器（Chiller）布置在地板下方为动力电池包进行冷却。

燃料电池电动汽车和纯电动车的双蒸发器空调系统由压缩机、冷凝器、膨胀阀、蒸发器、电池热交换器（Chiller）、储液罐、管路等组成，并通过制冷剂在循环流动过程中的相变过程实现热量的转移，其原理如图6-4所示。其工作原理如下：压缩机将蒸发器和电池热交换器出口处低温低压的制冷剂气体吸入，将其压缩成为高温高压的气体从压缩机排出；然后制冷剂被送入冷凝器并与外界空气进行热量交换，同时发生相变而变成中温高压的液体，并将热量释放到车外；随后经膨胀阀的节流效应，制冷剂变低温低压的湿蒸气；最后进入蒸发器和电池热交换器进行热交换产生冷量，吸收电池冷却液的热量，电池冷却液温度降低后再为动力电池降温。因此理论上讲，动力电池热交换器的制冷量与动力电池的热负荷一致。

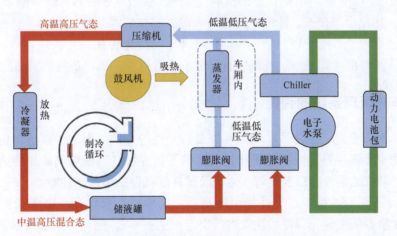

图6-4 双蒸发器空调-动力电池冷却系统原理图

计算动力电池热负荷时，主要考虑电池在长时间高放电功率下的生热功率。通常在额定容量下，电池组的放电深度为20%运行条件下，以电池组设计最高放电倍率计算放电电流。在已知放电电流的情况下，可根据电池生热机理模型计算电池热负荷。由于换热过程中存在热损失，因此在计算动力电池热交换器换热量时还需引入修正系数k，通常取$k = 1.1 \sim 1.2$。

6.4 整车热管理系统性能测试评价

燃料电池电动汽车整车热管理测试评价是整车开发及应用过程中的重要一环，所涉及的部件目前仍处于技术初始阶段，其体系目前还处于发展和完善过程。因此燃料电池电动汽车的整车热管理系统测试评价重点结合了传统汽车和新能源纯电动汽车的国内外标准及发表的研究成果来进行对标，从而完成对燃料电池整车热管理的测试评价。

6.4.1 整车热管理系统目标

整车热管理是从整车角度考虑车辆发动机、空调、电池、电机等相关部件及子系统相关匹配、优化与控制，有效解决整车热相关问题，使各功能模块处于最佳温度工况区间，提高整车经济性和动力性，保证车辆安全行驶。

新能源汽车热管理系统，既有传统燃油车热管理系统的共同部分如发动机冷却系统、空调系统等，也增加了电池、电机、电控（简称三电）等新增部分的冷却系统。以"三电"取代发动机和变速器，较传统燃油汽车在热管理系统上的主要变化在于，以电动压缩机替代普通压缩机，新增了电池冷却板、电池冷却器、PTC加热器或热泵等部件。

整车热管理系统的目标如下：

① 安全。更好的机舱热保护，防止机舱自燃、电池热失控、电机退磁等；优化电池、电机冷却策略，提高整车安全性能；满足除霜除雾安全法规需要。

② 节能。降低热管系统能耗，提高纯电续驶里程；减少机舱进气，降低风阻；优化发动机本体热保护，降低燃料消耗；发动机进气保护，获得更好的燃料经济性。

③ 经济。优化冷却模式，降低冷却模块成本。

④ 耐久。合理的温度管理，防止零部件过高出现性能衰退。

⑤ 舒适。更好的冷却系统，提高空调降温、采暖性能，提供更好的乘员舱舒适性。

6.4.2 整车热管理系统的性能

针对整车对安全性、经济性、耐久性以及舒适性等方面的要求，从整车角度主要关注热管理系统的空调降温性能、空调采暖性能、热平衡性能、风窗玻璃除霜性能、风窗玻璃除雾性能、空调抗结霜性能以及热管理系统及部件能耗性能等整车性能。

另一方面，整车热管理系统性能由冷凝器、压缩机、蒸发器、膨胀阀、高低温散热器、电池热交换器等主要元器件的性能参数决定，见表6-1。因此，系统和零部件的性能也是整车热管理系统着重关注的。

6.4.3 整车热管理性能测试方法

整车热管理性能试验一般包括整车热平衡试验、整车空调降温性能试验、整车空调采暖性能试验、整车空调最佳充注量试验、整车抗结霜性能试验、风窗玻璃除霜性能试验、风窗玻璃除雾性能试验、整车空调风量试验。

第6章 燃料电池电动汽车热管理系统

表 6-1 整车及零部件热管理性能

系统 / 零部件级热管理性能	整车级热管理性能
冷凝器	空调降温性能
压缩机	空调采暖性能
蒸发器	热平衡性能
膨胀阀	风窗玻璃除霜性能
高温散热器	风窗玻璃除雾性能
低温散热器	空调抗结霜性能
电池热交换器	—

1. 整车热平衡试验

燃料电池电动汽车整车热平衡试验可参照传统汽车 GB/T 12542—2020《汽车热平衡能力道路试验方法》。燃料电池电动汽车整车热平衡试验要在无风、无雾、环境温度 ≥ 30℃、风速 ≤ 3m/s 条件下,试验道路按 GB/T 12534—1990《汽车道路试验方法通则》的规定,纵坡度 < 0.1% 进行热平衡试验,考察车辆在驱动电机最大转矩转速工况、驱动电机额定功率转速工况、模拟爬坡工况、高速行驶工况下的热平衡性能,即汽车系统(零部件、总成、汽车)各部分的温度与环境温度差值达到稳定时的温度状况。

2. 整车空调降温性能要求

整车空调降温性能试验参照 QC/T 658—2009《汽车空调制冷系统性能道路试验方法》。试验方法分为室内环境模拟试验方法、室外静态试验方法和室外行驶实验方法。

(1) 室内环境模拟试验方法

室内试验预热阶段包含预热阶段Ⅰ、预热阶段Ⅱ和升温阶段三个阶段,详细见表6-2。

表 6-2 室内环境模拟试验阶段

分阶段名称	气候条件	车辆状况	要求
预热阶段Ⅰ	风速:30km/h 环境温度:38℃ ± 1.0℃ 环境相对湿度:50% ± 5% 辐射强度:无	车门状态:全开 车窗状态:可开启的车窗全开 蒸发器风机状态:关闭 车上人员:无	30min
预热阶段Ⅱ	风速:10km/h 环境温度:38℃ ± 1.0℃ 环境相对湿度:50% ± 5% 辐射强度:1000W/m² ± 25W/m²	车门状态:全开 车窗状态:可开启的车窗全开 蒸发器风机状态:中速 发动机状态:急速 车上人员:无	30min
升温阶段	风速:10km/h 环境温度:38℃ ± 1.0℃ 环境相对湿度:50% ± 5% 辐射强度:1000W/m² ± 25W/m²	车门状态:全关 车窗状态:全关 蒸发器风机状态:关闭 发动机状态:关闭 车上人员:无	60min,或乘员舱温度变化率不大于 1℃/10min

1) 试验环境条件。环境温度:38℃ ± 1.0℃;环境相对湿度:50% ± 5%;太阳辐射强度:$1000W/m^2 \pm 25W/m^2$。

2）试验步骤：驾驶员进入车内，起动发动机，记录各测点的初始读数，冷气全开。按照表 6-3 开始试验工况，迎面风速应等于试验车速，并测量采集头部温度、前后排温差、出风口温度、车舱内温度等温度参数。

表 6-3 室内试验工况设置

实验车速 /(km/h)		40	60	100	0（怠速）
实验时间 /min		45	30	30	30
推荐档位	手动变速器	直接档或合理档位	直接档	直接档或合理档位	空档
	自动变速器	D	D	D	P

（2）室外静态试验方法

室外静态试验方法也包含相同的预热升温阶段，详细见表 6-4。

1）试验环境条件。环境温度：≥35℃；环境相对湿度：40%~75%；太阳辐射强度：≥800W/m²；风速：≤2m/s。

2）试验地点：空旷的平地，有日光直接照射，且整个试验过程中不会受到建筑物或树木的影响。

3）试验步骤：驾驶员进入车内，起动发动机，记录各测点的初始读数，冷气全开。将变速杆置于空档，发动机转速对应于直接档或 D 档时 60km/h 的车速。

表 6-4 室外静态试验预热升温阶段

分阶段名称	车辆状况	要求
预热阶段Ⅰ	车门状态：全开 车窗状态：可开启的车窗应全开 蒸发器风机状态：关闭 发动机状态：关闭 车上人员：无	30min
预热阶段Ⅱ	车门状态：全关 车窗状态：可开启的车窗应全开 蒸发器风机状态：中速 发动机状态：怠速 车上人员：无	30min
升温阶段	车门状态：全关 车窗状态：全关 蒸发器风机状态：关闭 发动机状态：关闭 车上人员：无	车内温度稳定，最少 90min

（3）室外行驶试验方法

室外行驶试验分为稳定工况降温性能试验和变工况降温性能试验。两种工况下的预热升温阶段均与室外静态试验预热升温阶段相同，详细见表 6-4。

1）试验环境条件。晴天少云；环境温度：≥35℃；太阳辐射强度：≥800W/m²；环境相对湿度为：40%~75%；风速：≤5m/s。

2）试验地点：平坦硬实的公路，路面纵坡不大于 1%，长度不少于 40km。

3）试验步骤。

① 稳定工况试验阶段：驾驶员进入车内，起动发动机，记录各测点的初始读数，冷气全开。按照表6-3开始试验工况。当行驶试验结束时将车迅速开到"十"字档风墙，冷凝器迎风面正对风向，且尽可能靠近挡风墙，进行息速试验，并记录相关试验数据。

② 变工况试验阶段：驾驶员进入车内，起动发动机，记录各测点的初始读数，冷气全开。选取适合工况行驶，该工况应包括起步、加速、换档、制动、减速、停车、息速等。

3. 整车采暖性能试验

整车采暖性能试验参照GB/T 12782—2007《汽车采暖性能要求和试验方法》。整车采暖性能试验的性能要求为：在环境温度（-25±3）℃下试验进行到40min或在环境温度（-15±2）℃下试验进行到35min时，汽车采暖性能应达到以下要求：

1）驾驶员、前排乘客足部温度不低于15℃。

2）乘客足部温度不低于12℃。

3）驾驶员、前排乘客头部温度比足部温度低（2~5）℃。

4）试验环境：应在无雨雪的天气进行，环境温度：（-25±3）℃或（-15±2）℃，风速不大于3m/s。

5）试验方法

① 测温点分为头部和足部，驾驶员、前排乘客和最后一排座椅最外侧位置总共有四个位置需要布置，同时车外温度测温点也需要布置在右后视镜中心距镜面20mm处。其他测温点可自行确定。

② 试验时，汽车用直接档（无直接档时，用速比最接近1的档位，自动变速器采用D档）以40km/h（乘用车以60km/h）的稳定车速行驶，驾驶员启动全部采暖装置并调到最大采暖位置（为保证风窗玻璃视线清除和采暖效果，暖风出风位置可以根据实际情况进行调整，但不能调整出风量），同时试验人员开始记录各测温点的温度。试验中，每隔5min测量、记录依次各测温点的温度。

4. 整车风窗玻璃除霜除雾性能试验

整车风窗玻璃除霜除雾系统性能试验参照GB/T 24552—2009《电动汽车风窗玻璃除霜除雾系统的性能要求及试验方法》进行。除霜除雾系统的性能要求为：①每辆电动汽车应装备一套除霜装置和一套除雾装置。②除霜试验开始后20min时，至少应将A区的80%面积的霜除净；实验开始后25min时，至少应将A区的80%面积的霜除净；试验开始40min时，至少应将B区的90%面积的霜除净。③除雾试验开始10min时，至少应将A区90%和B区80%面积上的雾除净。

（1）除霜试验

1）除霜试验环境：除霜试验环境温度为-18℃±3℃。

2）除霜试验方法

① 试验前，在低温室停放至少10h，以保证发动机冷却液、润滑剂等温度已稳定在试验温度，同时将风窗玻璃擦洗干净。

② 试验过程中，除霜系统的热源由动力电池提供电力。低温室空气流速应低于2.2m/s。电动汽车动力电池和辅助电池都应处于完全充电状态。试验时，除了加热和通风系统的进、出口外，动力电池箱、车门和通风口等均应关闭，但可开启1扇或2扇车窗，总开启间隙不应超过25mm。

（2）除雾试验

1）除雾试验环境：除雾试验环境温度为-3℃±1℃。

2）除雾试验方法：

① 试验前，将风窗玻璃擦洗干净。

② 试验过程中，低温室空气流速应低于2.2m/s。试验期间，除了加热和通风系统的进、出口外，动力电池箱、车门和通风口均应关闭，自除雾试验开始，可以开启1扇或2扇车窗，总开启间隙不应超过25mm。

6.4.4 前机舱热管理分析

汽车前机舱是指进气格栅之后防火墙之前、罩板以下及两翼子板之间的空间，前机舱内一般布置有冷却系统、转向系统、动力系统、空调设备等。燃料电池电动汽车因为集成了燃料电池堆及电驱动系统等，所以结构紧凑。前机舱内各个散热部件都会向环境放热，而前机舱本身是半封闭的空间，如果在整车开发中未考虑前机舱的布置对机舱内流的影响，就很可能在前机舱内形成回流，甚至局部"死区"，从而导致死区内的气体被循环加热，造成机舱内局部温度过高，加速该区域内部件（线束、油管和元器件）的老化，影响车辆的正常使用，甚至造成车辆的安全事故。而相比传统燃油汽车，燃料电池电动汽车不仅前机舱的空间更加紧凑，而且燃料电池系统排气温度较低，大量的热都需要依靠冷却液通过散热器或电堆系统自身向周边辐射散失，因此，燃料电池电动汽车前机舱热管理对整车开发更为重要。

在实际的整车开发期间，即使按照系统需求设计的冷却系统在装车后也会由于整车环境的限制和变化，发生冷却能力不足或过剩的情况。其关键问题除了零部件的本身设计问题外，还涉及整车装配后的匹配问题和前机舱内部件的布置问题。前机舱热管理就是让冷却空气有组织地、充分地在经过前机舱时将热量有效地带出前机舱，起到冷却前舱内发热部件的效果。燃料电池电动汽车前机舱热管理主要包括以下几个方面的内容：

（1）前端冷却模块进气分析

燃料电池电动汽车自身散热需求大，散热器的进风量需求也相对较高，合理地设计进气格栅、前端导风装置、冷却模块的位置及布置方式等能够促使有足够冷却空气进入散热器，确保燃料电池电动汽车的整车散热。

（2）机舱内流场分布

相比于传统的内燃机汽车，燃料电池电动汽车内的部件更加多，因此前机舱的布局也更加紧凑，舱内的气流更加复杂。在进行整车布置时，应减少机舱内的热空气回流，消除流动死区，提高前机舱的散热能力。此外应避免高温空气直吹温度敏感原件，如线束、空气过滤器引气口及电子元器件。

(3)关键零部件的热保护

前机舱内温度敏感原件如果不能确保其环境温度在安全值内,应适当增加隔热板、隔热罩等保护装置。

6.4.5 乘员舱热管理分析

乘员舱的热管理包括夏季和冬季两种环境工况。在夏季工况下,重点考虑乘员舱的热负荷以及空调的制冷能力;在冬季工况下,结合燃料电池系统的热特性和散热需求,可以利用燃料电池系统的余热对乘员舱进行采暖。

1. 夏季的热负荷

乘员舱热负荷主要有以下几种:
① 太阳辐射经过玻璃投射进乘员舱内的热负荷。
② 由于乘员舱内外温差,经过车身结构、玻璃以及座椅等热传导至乘员舱的热负荷。
③ 人体热负荷。
④ 电子元器件工作产生的热负荷等,具体如图 6-5 所示。
乘员舱热负荷的理论计算公式为

$$Q_c = Q_1 + Q_2 + Q_3 + Q_4 + Q_5 + Q_6 + Q_7 + Q_8 \tag{6-13}$$

式中,Q_c 为乘员舱热负荷;Q_1 为通过车顶与车侧传入乘员舱的热负荷;Q_2 为通过各玻璃表面传入乘员舱的热负荷;Q_3 为通过前壁板传入乘员舱的热负荷;Q_4 为通过地板传入乘员舱的热负荷;Q_5 为进入乘员舱新鲜空气带入的热负荷;Q_6 为动力舱传入乘员舱的热负荷;Q_7 为乘员人体散发的热负荷;Q_8 为车内电器使用产生的热负荷。

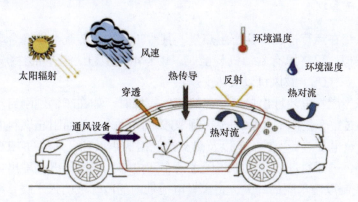

图 6-5 乘员舱热负荷

(1)通过车顶与车侧传入乘员舱的热负荷 Q_1

由于太阳辐射的影响,车身表面温度高于车身和周围大气的温度。因此,车身表面吸收的热量一部分利用温差通过车身传入车内形成热负荷 Q_1,主要包括车顶和车侧的热量输入。其中,车侧部分有两种情况:有内饰和无内饰。有内饰部分主要由钢板、空气间隙和内饰板等组成;无内饰部分主要由钢板、空气间隙和钢板组成。

(2)通过各玻璃表面传入乘员舱的热负荷 Q_2

通过各玻璃进入车厢的热负荷主要包括以下三个部分：

① 由车内外温差传入的热量 Q_{2a}。

② 玻璃吸收的部分辐射并以对流换热的方式进入车内的热量 Q_{2b}。

③ 透过玻璃的太阳辐射热量 Q_{2c}。

(3)通过前壁板传入乘员舱的热负荷 Q_3

在规定的外部条件下，外壁面放热系数按空气强制循环考虑，通过前壁板传入乘员舱的热负荷。

(4)通过地板传入乘员舱的热负荷 Q_4

一般车型地板主要由隔热层、钢板和地毯组成。因为地面受太阳辐射，其地表温度高于车外空气温度，故该部分热量负荷通过地板外侧传入乘员舱。

(5)进入乘员舱新鲜空气带入的热负荷 Q_5

新鲜空气通过渗透进入和空调进风带进乘员舱的热负荷。

(6)动力舱传入乘员舱的热负荷 Q_6

动力舱是车辆的主要热源，热量主要经过金属（钢板）、玻璃纤维（隔热垫）及成型地毯传入车内。

(7)乘员人体散发的热负荷 Q_7

车内驾乘人员所产生的热负荷。人体散热与驾乘人员的年龄、衣着、身体活动量等各种因素有关。

(8)车内电器使用产生的热负荷 Q_8

乘员舱内的电子电器设备在工作过程中，产生热量并传入乘员舱。

2. 冬季的采暖管理

燃料电池系统在运行过程中会产生热量，其水暖系统和传统油电混合动力电动汽车的水暖系统基本类似，仅将原有发动机替换成了燃料电池电堆，基本部件仍包含取暖水阀、水泵、电加热器（PTC）、鼓风机以及热交换器等。

在工作中，当燃料电池堆出口的冷却液温度较低时，如在车辆刚刚启动或在动力电池行驶模式中，通过整车控制器（VCU）控制取暖水阀开关，从而阻止燃料电池堆内的冷却液进流，使水泵、电加热器（PTC）以及热交换器组成小循环，并通过 PTC 对小循环内的冷却液进行加热，进而通过鼓风机将热风送入车厢内部。当燃料电池堆出口的冷却液温度较高时，VCU 控制取暖水阀的开关，将燃料电池堆内的冷却液引入水暖系统中，使燃料电池堆、水泵、未通电的 PTC 以及热交换器组成大循环，在鼓风机的带动下将冷却液内的一部分热量送入车厢，其余的冷却液重新流回冷却液的循环中。但目前由于去离子技术的不完善，水暖系统中的部件会在冷却液内析出大量的离子，如果接入水暖系统的大循环会增加冷却液循环中的离子负荷。因此在实际使用中会通过采用热交换器等方式将冷却水路循环与乘员舱水暖系统分隔开，或对散热器及管路进行处理并采用去离子器等模式降低冷却液中的离子析出率。

6.5 燃料电池电动汽车整车交互热管理系统

因为燃料电池电动汽车在运行过程中会产生余热,同时乘员舱及动力电池在冬季又需要加热,所以通过建立燃料电池电动汽车整车交互热管理系统可以最大限度地利用燃料电池余热,并实现整车热效率的提升以及整车使用舒适性和便捷性的提高。整车交互热管理系统包括电机及动力模块冷却系统、燃料电池发动机冷却系统、空调采暖系统、空调制冷循环和动力蓄电池包冷却循环等。其热管理系统架构如图6-6所示。

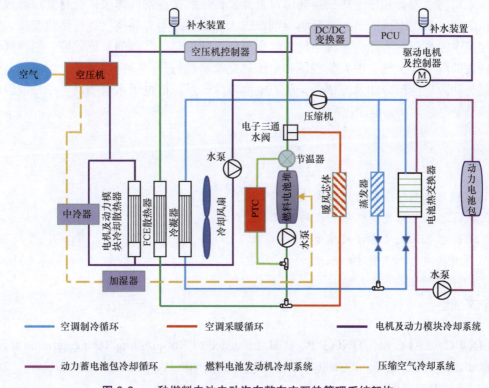

图6-6 一种燃料电池电动汽车整车交互热管理系统架构

电机及动力模块冷却系统包括电子水泵、电机控制器(PCU)、驱动电机、DC/DC变换器、空压机控制器、空压机及动力模块冷却散热器。冷却液的流动顺序以各部件设计工作温度为基础,冷却液经散热器冷却后,依次经过空压机、空压机控制器、DC/DC变换器、PCU和驱动电机,实现电机及动力模块系统的冷却。另外,冷却液经过水泵A后,除一部分流经散热器外,还有一部分流经中冷器来压缩空气进行降温。

燃料电池发动机冷却系统通过冷却液为燃料电池堆进行冷却,该系统包括第一回路和第二回路。第一回路包括燃料电池堆、水泵、节温器和电加热器(PTC)。燃料电池冷启动时节温器关闭,冷却液经水泵依次通过燃料电池—节温器—PTC,实现循环流动为燃料电池进行加热。第二回路包括燃料电池电堆、水泵、节温器、中冷器和燃料电池发动机散热器。当燃料电池需要冷却时节温器开启,冷却液经水泵依次通过燃料电池—节温器—中冷器—燃料电池发动机散热器,实现循环为燃料电池及中冷器冷却。

空调采暖（循环）系统利用燃料电池发动机余热采暖。暖风芯体通过电子三通水阀与燃料电池发动机冷却系统耦合。当乘员舱有采暖需求时，三通水阀开启燃料电池冷却液流经暖风芯体，与空调箱内空气发生热交换，为乘员舱提供热量。当动力电池需要加热时，可将燃料电池冷却液经电池热交换器，给动力电池的冷却回路进行加热，最终实现对动力电池的加热。

空调制冷（循环）系统为双蒸发器空调系统，该系统由压缩机、冷凝器、蒸发器和电池热交换器等组成。制冷剂在循环流动过程中的相变过程实现热量的转移。其制冷原理如下：压缩机将蒸发器和电池热交换器出口处低温低压的制冷剂气体吸入，将其压缩成为高温高压的气体从压缩机排出；然后制冷剂被送入冷凝器并与外界空气进行热量交换，发生相变变成中温高压的液体，并将热量释放到车外；随后经膨胀阀的节流效应，制冷剂变成低温低压的湿蒸气；最后进入蒸发器和电池热交换器进行热交换产生冷量。同时，电池热交换器与动力电池包冷却系统耦合，动力电池包冷却系统由电子水泵驱动，冷却液经电池热交换器制冷后为动力电池包散热。

思考题

1. 燃料电池电动汽车为什么要进行热管理？
2. 简述燃料电池发动机热管理的原理。
3. 简述电机系统热管理的原理。
4. 简述动力电池热管理的原理。

参考文献

[1] LIN J C, LAI C M, TING F P, et al. Influence of Hot-pressing Temperature on the Performance of PEMFC and Catalytic Activity[J]. Journal of Applied Electrochemistry, 2009, 39（7）: 1067-1073.

[2] ROMANI N, GODOY E, BEAUVOIS D, et al. Control-Oriented Modeling and Analysis of Air Management System for Fuel Reforming Fuel Cell Vehicle[J]. Journal of Fuel Cell Science & Technology, 2008, 5（1）: 77-83.

[3] 孙世良，郑立秋，孙世梅. 热管技术应用于燃料电池热管理系统的可行性研究 [J]. 吉林建筑大学学报, 28（2）(2011): 40-42.

[4] CHENG S L. Model-based Temperature Regulation of a PEM Fuel Cell System on a City Bus [J]. International Journal of Hydrogen Energy, 2015, 40（39）: 13566-13575.

[5] WROBLASKI K. Fuel Cell Fundamentals[J]. Buildings, 2010, 104（6）: 20.

[6] Dicks A L, Rand D A J. Fuel Cell Systems Explained[M]. Hoboken: John Wiley & Sons Inc, 2018.

[7] 夏全刚. 车用燃料电池发动机水热管理系统探讨 [J]. 汽车实用技术, 2018, 278（23）: 25-27.

[8] 张宝斌，刘佳鑫，李建功，等．燃料电池冷却方法及热管理控制策略进展 [J]．电池，2019（2）：158-162．

[9] 牛茁，张玉瑾，邓惠文，等．基于 OPC 技术的水冷 PEMFC 热管理控制系统 [J]．太阳能学报，2019，40（04）：942-949．

[10] 张兴瑞，范武，杨贵林，等．电动汽车集成热管理研究进展 [J]．汽车实用技术，2020，45（21）：17-19．

[11] 赵兴强．水冷型质子交换膜燃料电池热管理系统研究 [D]．成都：西南交通大学，2015．

[12] 冯权．纯电动汽车动力总成热管理策略研究 [D]．杭州：浙江大学，2019．

[13] ZHANG Y，ZHANG C，HUANG Z，et al. Real-Time Energy Management Strategy for Fuel Cell Range Extender Vehicles Based on Nonlinear Control[J]. IEEE Transactions on Transportation Electrification，2019，5（4）：1294-1305．

[14] ZHOU A J，LI J，DING Y，et al. A Review on Lithium-ion Power Battery Thermal Management Technologies and Thermal Safety[J]. Journal of Thermal Science，2017，26（5）：391-412．

[15] XIA G D，CAO L，BI G L. A Review on Battery Thermal Management in Electric Vehicle Application[J]. Journal of Power Sources，2017，367：90-105．

[16] 吴祯利．电动车动力电池热管理与空调系统联合仿真及控制技术研究 [D]．长春：吉林大学，2015．

[17] CHEN K，CHEN Y M，LI Z Y，et al. Design of the Cell Spacings of Battery Pack in Parallel Air-cooled Battery Thermal Management System[J]. International Journal of Heat and Mass Transfer，2018，127（PT. A）：393-401．

[18] WANG T，TSENG K J，ZHAO J Y，et al. Thermal Investigation of Lithium-ion Battery Module with Different Cell Arrangement Structures and Forced Air-cooling Strategies[J]. Applied Energy，2014，134：229-238．

[19] 张宁，王世学．动力汽车用锂电池热管理系统仿真分析 [C]// 高等教育学会工程热物理专业委员会第二十一届全国学术会议．[S.L：s.n]2015．

[20] GIULIANO M R，PRASAD A K，ADVANI S G. Experimental Study of an Air-cooled Thermal Management System for Highly Capacity Lithium–titanate Batteries[J]. Journal of Power Sources，2012，216（1）：345-352．

[21] SAW L H，POON H M，THIAM H S，et al. Novel Thermal Management System Using Mist Cooling for Lithium-ion Battery Packs[J]. Applied Energy，2018，223：146-158．

[22] YANG N，ZHANG X，LI G，et al. Assessment of the Forced Air-cooling Performance for Cylindrical Lithium-ion Battery Packs：A Comparative Analysis Between Aligned and Staggered Cell Arrangements[J]. Applied Thermal Engineering，2015，80：55-65．

[23] 于建新．电动汽车电池组热管理系统的研究与设计 [D]．长春：吉林大学，2016．

[24] WU W，WANG S，KAI C，et al. A Critical Review of Battery Thermal Performance and Liquid Based Battery Thermal Management[J]. Energy Conversion and Management，2019，182：262-281．

[25] CEN J, LI Z, JIANG F. Experimental Investigation on Using the Electric Vehicle Air Conditioning System for Lithium-ion Battery Thermal Management[J]. Energy for Sustainable Development, 2018, 45: 88-95.

[26] 俞晓红. 某车型发动机舱热管理技术开发与研究 [D]. 天津：河北工业大学，2015.

[27] 简贵平. 汽车机舱热管理仿真分析研究 [D]. 长沙：湖南大学，2015.

[28] 黄智峰. 基于商用车发动机舱热管理技术的冷却系统散热性能优化 [D]. 长沙：湖南大学，2017.

[29] 杨雨燊，纯电动汽车用热泵空调系统的开发与仿真研究 [D]. 郑州：郑州大学，2019.

[30] 李峰. 插电式混合动力汽车热管理系统开发及其控制算法研究 [D]. 长春：吉林大学，2016.

[31] 国家市场监督管理总局，国家标准化管理委员会汽车热平衡能力道路试验方法：GB/T 12542—2020 [S]. 北京：中国标准出版社.

[32] WANG Y, GAO Q, ZHANG T, et al. Advances in Integrated Vehicle Thermal Management and Numerical Simulation[J]. Energies, 2017, 10 (10): 1636-1637.

[33] 中国国家标准化管理委员会，汽车采暖性能要求和试验方法：GB/T 12782—2007 [S]. 北京：中国标准出版社.

[34] 中国国家标准化管理委员会. 电动汽车风窗玻璃除霜除雾系统的性能要求及试验方法：GB/T 24552—2009 [S]. 北京：中国标准出版社.

第7章 燃料电池电动汽车电气及总线系统

燃料电池电动汽车由燃料电池组、燃料电池控制系统、驱动系统和辅助动力系统组成,如图7-1所示。汽车开始行驶时,动力电池为驱动系统提供能量,并对燃料电池进行预热,此时,燃料电池动力系统不需要工作;当氢气供给足够时,燃料电池动力系统起动,由燃料电池动力系统为驱动系统提供能量;当车辆功率需求较大时,燃料电池动力系统与动力电池同时为驱动系统提供能量;当车辆功率需求较小时,燃料电池动力系统为驱动系统提供能量的同时,还给动力电池组进行充电。

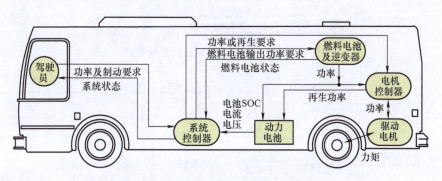

图7-1 燃料电池电动汽车的工作简图

7.1 电动汽车电气系统

电动汽车电气系统的作用是能量与信息传递,对电动汽车的动力性、经济性、安全性等有很大的影响,是电动汽车的重要组成部分。电动汽车的电气系统可以分为低压电气系统、高压电气系统和车载通信总线系统三类,如图7-2所示。

7.1.1 低压电气系统

低压电气系统采用直流12V或24V电源,一方面为灯光、刮水器等车辆的常规低压电气提供电源,另一方面为整车控制器、高压电气设备的控制电路和辅助部件提供电源。

低压电气系统主要由DC/DC变换器、辅助蓄电池和若干低压电气设备组成。如图7-3所示,其中低压电气设备主要包括灯光系统、仪表系统和娱乐系统等。以燃料电池电动汽车为例,低压电气系统在为常规电气和控制系统提供电源的同时,还应该根据驾驶员的操作,实现各个电气设备的顺序与协同工作。

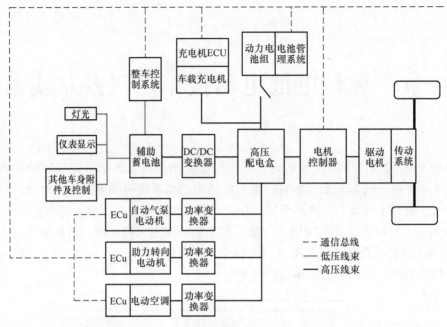

图 7-2 电动汽车电气系统的结构原理

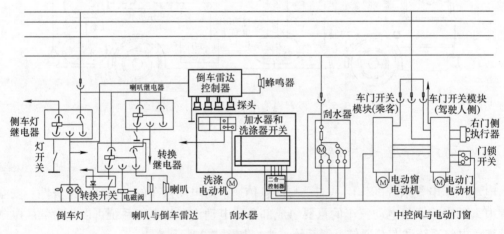

图 7-3 电动汽车常见低压电气系统原理图

7.1.2 高压电气系统

高压电气系统主要由燃料电池（动力电池）、驱动电机和功率变换器等大功率、高压电气设备组成。整车高压电气系统原理如图 7-4 所示。高压电源从电池包的正极 D+ 出发，首先通过位于驾驶员控制台的高压开关 DK1，该开关受低压控制，作为整车高压电源的总开关以及充电开关。经线路 2 可以进行充电操作，经线路 3 与主电机控制器（通过驱动电机驱动车辆行走）、直流电源变换器（用于低压 24V 电源充电）、转向系统控制器（控制转向助力机构）、制动系统控制器（控制和驱动气泵打气提供制动能量）及汽车空调（冷暖一体化）相连，最后经过分流器 FL 流回负极 D-。分流器 FL 的作用是检测高压线路中的电流值。此外，在电池包内部装有 500A 的熔断器 F，防止高压回路中电流过大。

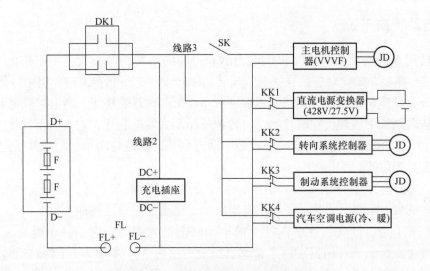

图 7-4　整车高压电气系统原理图

根据不同的电动汽车动力系统构型，高压电器系统具有不同的电气部件。一般而言，电动汽车高压电气的最大部件是采用燃料电池或内燃机/发电机组和动力电池组构成的双电源结构。燃料电池或内燃机/发电机组是车辆运行的主要动力源，动力电池组是辅助动力源。如图 7-5 所示，当采用燃料电池为主要动力源时，动力电池组在车辆启动过程中通过启动控制单元为燃料电池的启动提供能量。在车辆加速过程中，当燃料电池输出功率不足时，动力电池组放电以补充车辆加速所需能量；当车辆减速和制动时，动力电池组吸收制动能量。这种结构降低了整车运行对燃料电池峰值功率和动态特性的要求，有利于提高整车电气系统的可靠性。由于燃料电池和动力电池组具有不同的输出电压范围和电源外特性，难以直接并联使用，因此，在燃料电池的输出端串接一个升压式 DC/DC 变换器，对燃料电池的输出电压进行升压变换及稳压调节，DC/DC 变换器的输出电压和动力电池组的工作电压相匹配，该电压称为高压电气系统的母线电压。母线电压通过各种电源变换器向驱动机构、动力转向机构和气压制动机构中的电机等电气设备提供电能，实现车辆的行驶、转向和制动等功能。

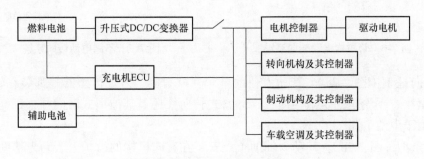

图 7-5　高压电气系统结构

7.2 电动化辅助系统

7.2.1 电动转向系统

电动转向系统是由电机直接提供助力的动力转向系统，助力大小由电控单元（ECU）控制。转矩传感器与转向轴连接在一起，当转向轴转动时，传感器工作，将信号传给 ECU，ECU 根据车速决定电机的助力效果，以保证汽车在低速时驾驶轻便，高速时稳定可靠。

电动转向系统采用现代控制技术，与传统液压动力转向相比，它具有下述优点：

① 电机和减速机构安装在转向柱或转向助力缸外，所占空间小，零部件结构简单，安装方便，维护费用低。

② 以电机为动力，不需要转向油泵、油管及控制阀等液压元件，不会发生液压油泄漏和损耗。电机只在需要时才起动，耗用电能较少，提高了汽车经济性。

图 7-6 所示是一种安装在转向柱上的电动转向助力系统，它由一个电机、电控单元 ECU、一个齿轮齿条式转向器、两个传感器组成。这两个传感器，一个为转矩传感器，用以检测驾驶员转动转向盘的力，另一个传感器用来检测转向盘转动方向和转动角度（速度）。一个典型的 EPS（或 EPAS）系统由四个基本部分组成：①车速传感器。②转向盘转动力矩、转动方向、转动角度（速度）传感器。③信号与系统处理单元。④电机。

根据电动转向助力单元在电动转向系统中安装位置的不同，电动转向系统可分为转向柱型、齿条型、小齿轮型和直接驱动型，如图 7-7 所示。

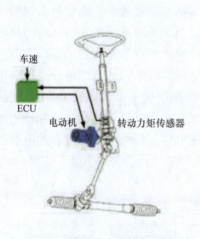

图 7-6 管拉式电动转向系统

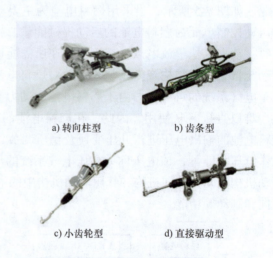

a) 转向柱型 b) 齿条型
c) 小齿轮型 d) 直接驱动型

图 7-7 不同电动转向系统

① 转向柱型（图 7-7a）。其动力辅助单元、控制器、力矩传感器等都装在转向柱上，系统结构紧凑，不论是固定式转向柱、倾斜式转向柱还是其他形式转向柱，都能安装。这种结构适用于中型车辆。

② 齿条型（图 7-7b）。其动力辅助单元安装在转向机构的齿条上，动力辅助单元可以装在齿条的任何位置，增加了结构设计布置的灵活性。

③ 小齿轮型（图7-7c）。其动力辅助单元安装在转向机构的小齿轮轴上，由于动力辅助单元在车厢外面，故即使辅助力矩有很大增加也不会增加车厢内的噪声。此外，将它与可变速比的转向器结合在一起，可改善系统的操纵特性。

④ 直接驱动型（图7-7d）。转向齿条与动力辅助单元形成一个部件，该系统结构紧凑，可布置在发动机舱内。由于系统直接对齿条进行助力，摩擦与惯性都很小，提高了转向的轻便性。

7.2.2 电控制动系统

电动汽车采用的液压制动系统与传统汽车的基本结构区别不大，但是在液压制动系统的真空辅助助力系统和制动主缸两个部件上存在较大的差异。

绝大多数的汽车采用真空助力伺服制动系统，人力和助力并用。真空助力器利用前后腔的压差提供助力。传统汽车真空助力装置的真空源来自发动机进气歧管，真空度负压一般可达到0.05~0.07MPa。纯电动汽车由于没有发动机总成（即没有了传统的真空源），仅由人力所产生的制动力无法满足行车制动的需要，因此通常需要单独设计一个电动真空泵来为真空助力器提供真空源。这个助力系统就是电动真空助力，（Electric Vacuum Pump，EVP）系统。

如图7-8所示，电动真空助力系统由真空泵、真空罐、真空泵控制器（后期集成到VCU整车控制器中）以及与传统汽车相同的真空助力器、12V电源组成。

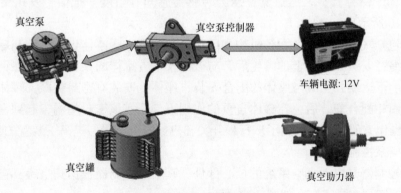

图7-8 电动真空助力系统

电动真空助力系统的工作过程：当驾驶员起动汽车时，车辆电源接通，真空泵控制器开始进行系统自检。当真空罐内的真空度小于设定值时，真空罐内的真空压力传感器输出相应电压信号至控制器，此时控制器控制电动真空泵开始工作；当真空度达到设定值后，真空压力传感器输出相应电压信号至控制器，此时控制器控制真空泵停止工作；当真空罐内的真空度因制动消耗而小于设定值时，电动真空泵再次开始工作，如此循环。

1. 电动真空助力系统的主要组成元件

（1）真空泵

真空泵是指利用机械、物理、化学或物理化学的方法对被抽容器进行抽气而获得真空的器件或设备。通俗来讲，真空泵是用各种方法在某一封闭空间中改善、产生和维持真空的装置，汽车上通常采用图 7-9 所示的电动真空泵。

常用真空泵包括干式螺杆真空泵、水环泵、往复泵、滑阀泵、旋片泵、罗茨泵和扩散泵等。因为真空泵工作压力的范围很宽，所以任何一种类型的真空泵都不可能完全适用于所有的工作压力范围，只能根据不同的工作压力范围和不同的工作要求，使用不同类型的真空泵。为了使用方便和各种真空工艺过程的需要，可以将不同的真空泵按其性能要求组合起来，以机组形式应用。

根据总体结构不同，可将真空泵分为立式结构和卧式结构。

图 7-9　北汽 EV 系列车型真空泵

立式结构的进、排气口水平设置，装配和连接管路都比较方便，但泵的重心较高，在高速运转时稳定性差，故多用于小型泵。

卧式泵的进气口在上，排气口在下。有时为了真空系统管道安装连接方便，可将排气口从水平方向接出，即进、排气方向是相互垂直的。此时，排气口可以从左或右两个方向开口，除了接排气管道一端外，另一端堵死或接旁通阀。这种泵的结构重心低，高速运转时稳定性好，多用于大、中型泵上。

（2）真空罐

真空罐用于储存真空，通过真空压力传感器感知真空度并把信号发送给真空泵控制器，如图 7-10 所示。

真空罐包括真空罐本体、卷扬机构和门架，其中真空罐本体包括罐体和座体，卷扬机构中的钢丝绳经安装在门架上的滑轮后，与该门架下方罐体的顶端相连，在钢丝绳的牵拉下，罐体可上下运动并完成与座体的配合安装；座体上安装有密封垫圈，罐体的底部法兰与该密封垫圈相配合安装后，在罐体自重的作用下，压实该密封垫圈，起到密封作用。其结构简单，操作方便，并且采用了多行程开关和机械安全装置，提高了装置的整体安全性。

（3）真空泵控制器

真空泵控制器是电动真空系统的核心部件。真空泵控制器根据真空罐真空压力传感器提供的信号控制真空泵工作，如图 7-11 所示。

图 7-10　真空罐（电线插头位置为真空压力传感器）

图 7-11　真空泵控制器

第 7 章 燃料电池电动汽车电气及总线系统

2. 电动真空助力系统的工作原理

传统内燃机车辆气压制动系统的空气压缩机通常是由内燃机通过带传动来驱动的,因此,只要内燃机工作,空压机就一直在连续转动,当真空罐压力达到规定的最大值(如 0.8MPa)时使空气压缩机输出的空气排入大气的卸载阀,此时空气压缩机并没有停止运转。对于电动汽车而言则没有内燃机带来的真空,但采用传统结构的制动系统仍需要借助除驾驶员腿部以外的力量来更有效地推动制动主缸。为了能够让电动汽车提供制动助力,电动助力泵成为最好的选择,能够很好地解决没有发动机产生真空助力的这个问题。电子真空助力器系统包括助力器总成、制动主缸总成、储液罐、制动压力传感器和电子控制单元。

真空泵的工作原理:电子真空助力器是从普通真空助力器技术中演化产生的,利用真空腔与变压腔(大气腔)的两腔压差产生伺服力,驱动液压制动主缸和制动器系统工作,将气动能量转化成制动液压力。电动汽车启动时,传感器检测踏板开度,控制器通过判断踏板开度理解用户需求,并综合多种因素控制电机输出助力,制动力度控制程序会检测真空罐中的真空度。在行驶状态下,监控系统会监控真空罐中的真空度,当真空度低于设定的下限值时立即启动真空泵工作,达到设定的上限值时真空泵停止工作。例如,当制动系统压力低于设定下限值(如 0.6MPa)时空压机自动启动;当制动系统压力高于设定上限值(如 0.8MPa)时,空压机自动停止,减少了空压机不必要的运转功率损失。对于间歇工作的空压机,它再次自动启动时,应实现空载启动,避免造成电机带载启动。

电路连接好后,接通 12V 直流电源,控制器接通真空泵电机开始工作。当真空度达到 -55kPa 时,真空压力开关闭合,输出高电平信号给控制器;控制器在接收到信号后延时 10s,电机停止工作。

真空泵起动策略:当驾驶员起动车辆时,12V 电源接通,电子控制系统模块开始自检;如果真空罐内的真空度小于设定下限值,那么真空压力开关处于常开状态,此时电动真空泵开始工作;当真空度大于设定上限值时,真空压力开关或传感器处于常闭状态,电子延时模块立即进入延时工作模式,15s 左右延时时间停止;当真空罐内的真空度达到设定值时,电机停止工作;当真空罐内的真空度因制动消耗小于设定下限值时,真空压力开关或传感器再次处于常开状态,电动真空泵再次开始工作,如此循环。

3. 制动能量回收系统

制动能量回收是把汽车制动时的一部分动能转化为其他形式的能量储存起来,在减速或制动的同时达到回收制动能量的目的,然后在燃料电池汽车起步或加速时又释放储存的能量。制动能量回收对于提高燃料电池汽车的能量利用率具有重要意义。国外有关研究表明,在存在较频繁的制动与启动的城市工况运行条件下,有效地回收制动能量,燃料电池汽车大约可降低 15% 的能量消耗,可使电动汽车的续驶里程延长 10%~30%。制动能量回收系统车辆的仪表板如图 7-12 所示。

(1)制动能量回收系统的原理

燃料电池汽车制动能量回收系统主要由两部分组成:电机再生制动和传统液压摩擦制动。所以,该制动系统可以视为机电复合制动系统。

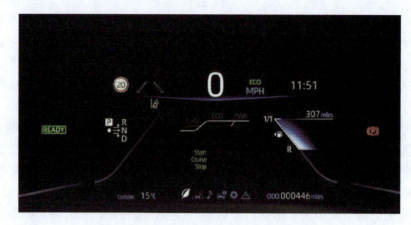

图 7-12 制动能量回收系统车辆的仪表板

燃料电池汽车再生制动是利用电动机/发电机可逆性原理来实现的。在燃料电池汽车需要减速或者滑行时，可以利用驱动电机的控制电路实现电机的发电运行，使减速制动时的能量转换成对动力电池充电的电流，从而得到再生利用。因为摩擦制动一般采用液压形式，所以所提到的机电复合制动系统也可以称为再生-液压混合制动系统。从制动安全和提高能量利用率的角度来考虑，再生-液压混合制动系统是最适合电动汽车的综合制动系统。电机运转过程中，线圈在阻碍磁通变化的方向上发生电动势。该方向与使电机旋转而流动的电流方向相反，称为逆电动势。逆电动势随着转速的增加而上升。随着转速增加，原来使电机旋转的电流的阻力加大，当达到某一转速后，转速便不再增加。在制动时，通过电机的电流被切断，代之而产生逆电动势。这就是使电机起到发电机作用的制动能量回收的原理。

在燃料电池汽车的制动能量回收系统集成中，将制动能量回收功能和制动防抱死功能集成到一个制动控制器（BCU）中，各控制器之间利用CAN总线进行通信。制动控制器与整车控制器、电机控制器（MCU）之间的通信关系及功能划分如图7-13所示。制动控制器接收传感器的模拟信号输入和整车控制器（VCU）通过CAN总线发送的制动踏板行程、前后轴气压值、电机实时转速与转矩以及车辆当前状态等数据，通过制动能量回馈控制算法，得出电机转矩命令值和回馈调节阀的占空比命令值，将其发送给整车控制器。制动控制器主要功能模块包括电磁阀驱动模块、轮速处理模块、D/A 和 A/D 模块和电源模块等。在制动过程中，制动控制器根据制动踏板的开度（实际为主缸压力）判断整车的制动强度，确定相应的摩擦制动和再生制动的分配关系。图7-13所示为各控制器通信关系图。

前后轴的摩擦制动分配关系由液压系统对前后轮的分配关系实现。制动控制器根据制动强度和电池的SOC值确定可以输出的制动转矩并对前后轴进行分配，然后通过电机控制器控制驱动电机进行再生制动的多少，机械制动力是由总目标制动力减去电机目标再生制动力后剩余的那一部分。图7-14所示为制动力分配图。

在整个制动的过程中，要保证电动汽车的制动稳定性和舒适性，并尽可能多地回收制动能量，延长燃料电池汽车续驶里程。下面以前驱燃料电池汽车为例介绍。

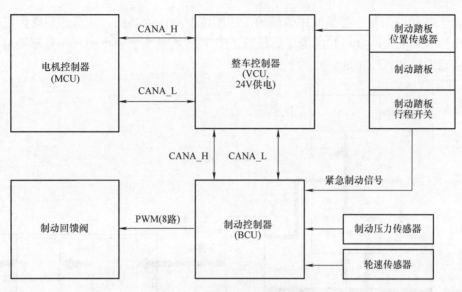

图 7-13 各控制器通信关系图

再生制动力是根据车速和动力电池 SOC 等因素，按照一定比例从总制动力中分配出来，再生制动力为：

$$F_r = \alpha F$$

式中，F 为总目标制动力；F_r 为电机目标再生制动力；α 为再生制动力与机械制动力分配系数，一般取值为 $0 \sim 1$。

机械制动力是从总的制动力减去再生制动力减去再生制动力的那一部分制动力，其公式为：

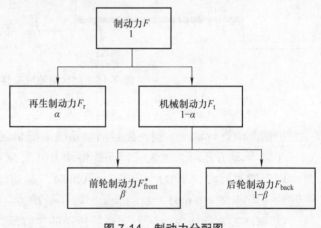

图 7-14 制动力分配图

$$F_t = (1-\alpha)F$$

式中，F_t 为机械制动力。

前后轮上的机械制动力是从总的机械制动力中按照一定比例分配出来的，其公式为：

$$F_{front}^* = \beta F_t$$
$$F_{front} = F_{front}^* + F_r$$
$$F_{back} = (1-\alpha)(1-\beta)F$$

式中，F_{front}^* 为前轮上机械制动力；F_{front} 为前轮上机械制动力和再生制动力之和；F_{back} 为后轮上的机械制动力。

电机再生制动虽然可以回收制动能量并向车轮提供部分制动力，但是其无法使得车轮完全停止转动，制动效果受到电机、电池和速度等诸多条件的限制，在紧急制动和高强度制动条件下不能独立完成制动要求。因此，为了保证燃料电池汽车的制动安全性能，在采用电机再生制动的同时，必须使用传统的液压摩擦制动作为辅助，从而达到既保证汽车的制动安全性，又实现回收可观的能量的目的。图7-15所示为燃料电池汽车整车能量流，由图可知流动方向和各种能量损失。

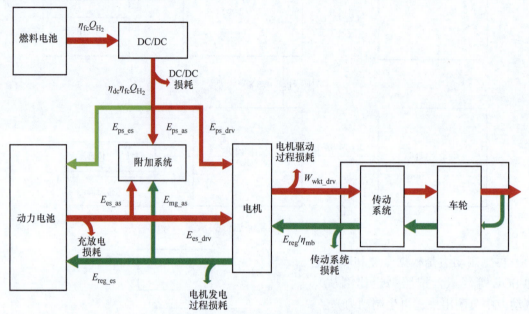

图 7-15　燃料电池汽车整车能量流

（2）制动能量回收系统的能量回收模式

根据车辆运行状况，制动能量回收系统的能量回收具备不同的模式。

① 在制动开始时，能量管理系统将动力电池SOC值发送给制动控制器，当SOC＞0.8时，取消能量回收；当$0.6 \leqslant SOC \leqslant 0.8$时，制动能量回收受动力电池允许的最大充电电流制约；当SOC＜0.6时，制动能量回收不受动力电池允许的最大充电电流制约。

② 制动控制器接收由压力变送器传送的主缸压力信号，并计算出需求的电机再生制动强度上限。

③ 制动控制器根据电机转速计算电机实际能够提供的制动强度。

④ 比较需求的电机再生制动强度上限和电机实际能够提供的制动强度，并将结果作为电信号发送给电机控制器。

⑤ 此时的电机工作在发电机状态下，可以提供电压恒定流向的电流，再通过逆变器限制电机产生的最高电压和对电压进行升压，以满足电流输出要求，充到动力电池组中。

⑥ 为了对动力电池进行保护，能量管理系统需要时刻检测电池温度，当温度过高时停止制动能量回收。

（3）影响制动能量回收的因素

制动能量回收的过程是把驱动轮的部分动能通过电机回馈到动力电池组中，因此整车控制系统的各个模块和各模块的使用环境对制动能量回收有较大的影响。影响燃料电池汽车能量回收的因素主要有以下4个方面。

① 电机特性：当进行制动能量回收时，电机工作在再生制动模式，电机的最大制动转

矩影响着能够提供的电制动力的大小。向电池组充电功率的大小由电机的发电功率决定，同时在制定能量回收策略时也要考虑电机的工作温度等因素。

② 动力电池特性：当动力电池剩余电量较高时，只能进行小电流充电或者不回收制动能量；当动力电池剩余电量较低时，在不影响安全的前提下可以适当提高制动能量所占比例。同时充电时间过长或充电电流过大会影响动力电池的性能，动力电池应该具有长的充放电循环寿命和快速充放电能力。此外动力电池的充电内阻影响蓄电池的充电功率，因此要选用内阻小的电池。

③ 车辆行驶工况：车辆在不同工况行驶时，燃料电池汽车的制动频率和制动强度不同，当制动越频繁或制动强度越低时，燃料电池汽车可以回收的制动能量就越多，例如在车辆频繁起步与停车的城市工况下。在高速公路行驶工况下制动频率较低，因此回收的制动能量也相对较少。

④ 制动的安全性：当车辆进行制动时，首先需要考虑的是制动系统要满足驾驶员的制动需求和制动时车辆的稳定性，只有在满足这些要求的前提下才能够考虑回收制动能量的多少。在有些情况下虽然电机能够提供足够大的制动力，但是为了防止车轮抱死，也必须减小电制动力来保证行车安全。

7.2.3 电动空调系统

电动空调制冷需要考虑制冷方式和电动压缩机驱动方式，选择高效节能压缩机。

根据电动汽车类型（纯电动汽车、混合动力电动汽车、燃料电池电动汽车），可作不同的选择。

1. 制冷方式

电动汽车可采用的制冷方式有电动压缩机制冷、热电式制冷、余热制冷等。

（1）电动压缩机制冷空调系统

电动压缩机制冷系统利用电池组的直流电，经逆变器为空调压缩机驱动电机供电，带动压缩机旋转形成制冷循环，产生制冷效果。与传统汽车相比，电动压缩机制冷空调系统驱动压缩机的动力由发动机驱动改变为由电机驱动，如图7-16和图7-17所示。

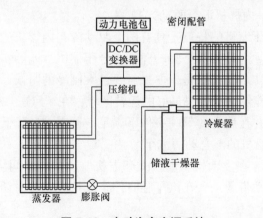

图7-16　电动汽车空调系统

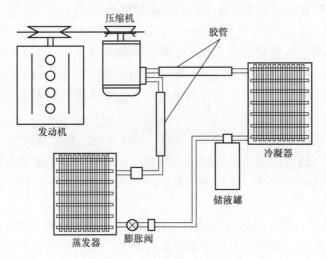

图 7-17 传统汽车空调系统

（2）热电式制冷

热电制冷器也称为珀尔帖制冷器，是一种以半导体材料为基础、可以用作小型热泵的电子元件。通过在热电制冷器的两端加载一个较低的直流电压，热量就会从元件的一端流到另一端。此时，制冷器一端的温度就会降低，而另一端的温度就会同时上升。

（3）余热式制冷

目前，利用余热的空调制冷技术主要有金属氢化物制冷空调、固体吸附式制冷空调以及吸收式制冷空调，其工作原理、特点、系统组成不尽相同。余热制冷空调系统体积大、系统复杂，对燃料电池电动汽车整车以及电池管理系统要求高，需定期除垢，并且其仅仅匹配在余热热源比较稳定的燃料电池电动汽车上才具有可行性。因此，这种制冷方法不具有解决电动汽车空调系统问题的通用性。

2. 电动压缩机驱动方式

汽车电动空调压缩机的驱动有以下几种方案。

（1）电机（电池）+内燃机混合驱动方式

这种方案中，空调压缩机的特点是具有两个驱动源：内燃机通过带轮驱动压缩机，电池通过电机驱动压缩机。这种有两个驱动源的混合压缩机，能够实现带轮驱动侧和电机驱动侧进行独立或同时运转。其优点是，如果需要最大制冷的时候，带轮侧、电机侧可同时运转；电机侧驱动时，能够选择效果最好的运转区域，在"急速-发动机停止"的情况下，仍能保持高效的工作，并在所有的驾驶条件下满足空调需求，降低功率消耗。这种空调压缩机仅适用于仍保留内燃机的混合动力汽车。

根据汽车行驶工况，在发动机驱动模式和电机驱动模式之间切换。在发动机模式下，压缩机由发动机通过传动带驱动。在汽车临时停车或持续减速时切换到电驱动模式，由动力电池组提供能量。

（2）独立式全电动驱动方式

独立式全电动空调压缩机的电机与压缩机泵体封闭在同一个密封壳体内，直接使用电动汽车上的电池供电，结构紧凑，具有以下优点：

① 空调压缩机由单独的电机直接驱动，可通过压缩机的转速调节制冷量。

② 空调与驱动电机的运转各自独立，空调的运转不受汽车行驶状况影响。即使车辆在熄火状态，空调制冷仍然可以正常工作。

③ 减少制冷剂的泄漏。采用电机内置的封闭式结构，避免了轴封处以及其他连接位处因难以密封造成的制冷剂泄漏。同时，可以用金属管替代易渗透的制冷剂橡胶软管，大大减少制冷剂的泄漏。

④ 不需要电磁离合器控制压缩机运转。消除了离合器接合、分离时产生的噪声，也消除了周期性离合引起的空调出口温度波动。

⑤ 安装灵活。压缩机安装位置不受限制，可根据整车总体布置、噪声、振动及空调系统的配置，灵活布管，提高整车布置设计自由度。

⑥ 体积小、重量轻，有利于降低车辆整备质量。

（3）非独立式全电动驱动方式

非独立式全电动空调系统，是指空调制冷压缩机通过主牵引电机驱动，压缩机运行工况的控制可通过电磁离合器的接合、分离来实现，现基本不被采用。

3. 高效压缩机的选用

空调制冷压缩机是空调制冷系统的核心，其性能直接决定制冷系统的性能和车辆的经济性。对于电动大客车空调压缩机，由于整个空调系统全部顶置，压缩机的外形尺寸、振动强度等都是选择压缩机的关键因素。全封式涡旋压缩机与诸多其他类型压缩机相比，具有振动小、噪声低、效率高、体积小、重量轻、转速高、外形尺寸小等特点，适合电动汽车空调使用要求，为目前大多数电动汽车所采用。

涡旋压缩机的优点如下：

① 涡旋压缩机不需要吸气阀，简化了压缩机结构，并且消除了打开气阀的压力损失，提高压缩效率。

② 涡旋压缩机没有余隙容积，被吸入的气体可以完全被排出，容积效率可以达到98%。而活塞压缩机由于活塞头与气缸底之间存在间隙，产生了余隙容积，容积效率只有70%。

③ 螺旋压缩机压缩过程平稳，从吸气到压缩到排气要用三圈完成，而且在任何角度都有三个腔可同时工作，吸气、压缩、排气同时进行，所以它排气连续，工作平稳，振动小，噪声低；而活塞压缩机吸气行程和排气行程功耗少，压缩行程功耗大，运转不平稳，且活塞作往复运动有阀片敲击，振动和噪声大。

涡旋压缩机的缺点如下：

① 其运动机件表面多呈曲面形状，加工及检验复杂，制造成本较高。

② 其运动机件之间或运动机件与固定机件之间，需保持一定的运动间隙，气体通过间隙势必引起泄漏，因此难以获得较大的压缩比。尽管有这些缺点，但是涡旋式汽车空调压缩机仍被认为是取代传统汽车空调压缩机的较好的产品。

7.3 充电系统

广义上的电动汽车充电装置泛指将公共电网或者发电装置的电能转变为车载动力电池组中的电化学能的各种形式的变流装置。对于燃料电池电动汽车来说,可以理解为加氢站。充电装置的性能和建设布局直接影响到电动汽车的性能和使用方便性。如果没有与电动汽车的车载电池系统匹配的充电装置,那么电动汽车将难以实现商业化。

7.3.1 充电系统的组成

电动汽车充电系统主要包括充电桩、充电插口、车载充电器、高压控制盒(PDU)、充电指示灯及高压配电箱组成,如图7-18所示。因车型的不同,高压控制盒可以单独设置,也可以集成在其他控制单元中。

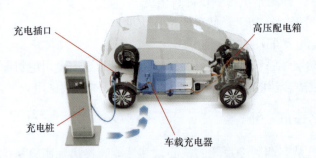

图7-18 电动汽车充电系统组成

(1)充电桩
常见的充电桩有交流充电桩、直流充电桩和交直流一体充电桩,如图7-19所示。

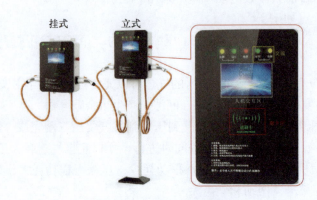

图7-19 交直流一体充电桩

(2)充电插口
充电插口是指用于连接活动电缆和电动汽车的充电部件,主要由充电插座与充电插头两部分组成,如图7-20所示。

图 7-20 充电插口的组成

在电动汽车的产业化过程中,充电接口的标准化非常重要。充电接口应该满足以下几方面要求:

① 能够实现较大电流的传输和传导,避免因电流过大引起插座发热和故障。

② 插头能够与插座充分耦合,接触电阻小,以免接触不良引起火花烧蚀或虚接。

③ 能够实现必要的通信功能,方便电动汽车 CAN 通信或者电池管理系统与充电机对接。

④ 具备防误插功能。电源插头要依据电动汽车使用的充电设备和自身电源与性能进行选择。同时,不同电动汽车的插头的参数也不相同,为避免插头的误用,不同的电源插头一定要便于识别。

⑤ 具备合理的外形,方便于执行插拔作业。

世界不同国家和不同地区都有各自的标准。GB/T 20234—2015《电动汽车传导充电用连接装置》规定了交流充电与直流充电接口的标准,交流充电接口采用的是七针的设计,直流充电接口采用的九针的设计,如图 7-21 所示。

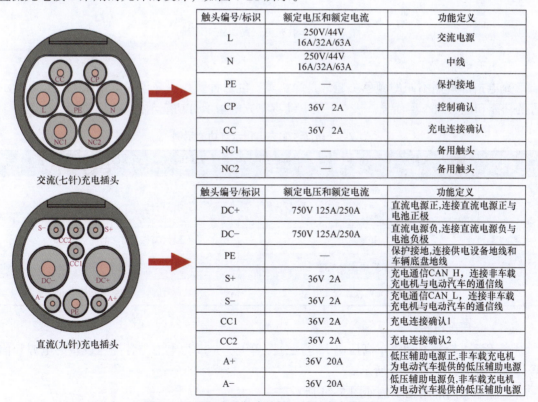

触头编号/标识	额定电压和额定电流	功能定义
L	250V/44V 16A/32A/63A	交流电源
N	250V/44V 16A/32A/63A	中线
PE	—	保护接地
CP	36V 2A	控制确认
CC	36V 2A	充电连接确认
NC1	—	备用触头
NC2	—	备用触头

触头编号/标识	额定电压和额定电流	功能定义
DC+	750V 125A/250A	直流电源正,连接直流电源正与电池正极
DC−	750V 125A/250A	直流电源负,连接直流电源负与电池负极
PE	—	保护接地,连接供电设备地线和车辆底盘地线
S+	36V 2A	充电通信CAN_H,连接非车载充电机与电动汽车的通信线
S−	36V 2A	充电通信CAN_L,连接非车载充电机与电动汽车的通信线
CC1	36V 2A	充电连接确认1
CC2	36V 2A	充电连接确认2
A+	36V 20A	低压辅助电源正,非车载充电机为电动汽车提供的低压辅助电源
A−	36V 20A	低压辅助电源负,非车载充电机为电动汽车提供的低压辅助电源

图 7-21 国际交流与直流接口的针脚布置及定义

（3）车载充电器

车载充电器主要功能如下：

① 将外部交流电转换成直流电给动力电池充电。

② 充电时，车载充电器根据车辆控制单元（VCU）的指令确定充电模式。

③ 车载充电器内部有滤波装置，可以抑制交流电网波动对车载充电机的干扰。

图 7-22 所示为大众高尔夫插电混合动力车型中的车载充电器高压线束连接。

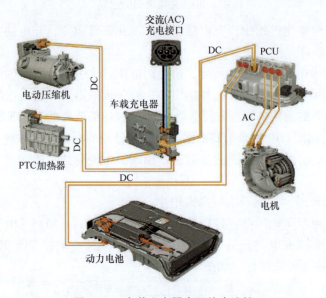

图 7-22　车载充电器高压线束连接

（4）充电指示灯

充电指示灯用不同的颜色（通常是绿、黄、红三种颜色）来说明电量状态。充电指示灯的功能和位置因车型而异。表 7-1 是电动汽车充电指示灯功能示例。

表 7-1　电动汽车充电指示灯功能示例

序号	功能	指示灯状态
1	准备充电	黄灯亮
2	正在充电	绿灯持续点亮
3	电量充满	绿灯闪烁，持续时间约 1min
4	结束充电或未充电	熄灭
5	定时充电或远程充电	黄灯闪烁，持续时间约 1min

（5）高压配电箱

高压配电箱是电动汽车高压电大电流分配单元，是动力电池与各高压设备的电源和信号传递的桥梁，如图 7-23 所示。

该配电箱内部结构示例如图 7-24 所示。

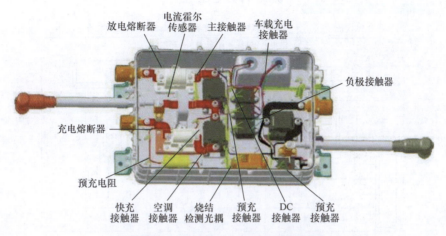

图 7-23 常见电动汽车高压配电箱构成

图 7-24 高压配电盒内部结构示例

1—动力电池高压输入正极 2—动力电池高压输入负极 3—高压输出到电机控制器正极
4—高压输出到电机控制器负极 5—PTC 高压熔断器（32A） 6—压缩机高压熔断器（32A）
7—DC/DC 高压熔断器（16A） 8—充电机高压熔断器（32A） 9—接快充输入正极
10—接快充输入负极 11—PTC 控制器

7.3.2 充电系统的工作原理

1. 交流充电工作原理

使用交流供电设备对车辆充电，交流供电设备与车辆的典型电路原理图如图 7-25 所示。利用交流车载充电机对电动汽车充电，充电过程如下：

① 当充电线缆没有插入车辆时，慢充口 CC 处电压检测为 12V 或 5V，此时 CP 处没有

电压，证明车辆处于未充电状态。当供电插口连接到充电桩（供电设备）以后，S_1 开关接通 12V，此时如果测量枪口 CP，会测得 12V 电压值。

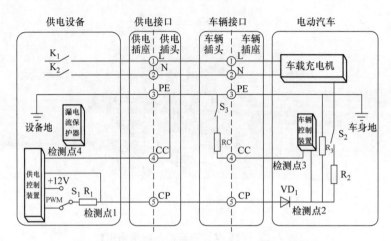

图 7-25 交流供电设备与车辆的典型电路原理图

② 在操作人员对供电设备完成充电启动设置后，如供电设备无故障，并且将充电枪插入车辆充电口后，检测点 3 就能够检测到 12V 电压经过 RC 和 S_3 开关入地，这时检测点 3 的电压便不再是 12V，车辆就可以通过检测点 3 检测到充电枪已经插入插口。

③ 充电枪插入车辆充电口以后，12V 电压通过 S_1、R_1，依次到达检测点 1 和检测点 2，然后通过 R_3 接地构成回路。此时 S_1 开关从 12V 变成 PWM 信号，检测点 1 和检测点 2 会出现一个从 9V 变化到 -12V 的占空比信号，电动汽车车辆控制装置通过检测点 1 和检测点 2 的 PWM 信号，判断充电连接装置是否已完全连接，然后 S_2 开关闭合反馈给充电设备，此时充电机就可以认可充电。

④ 这时车辆控制装置会自动启动触发条件，通过互锁或者其他控制措施使车辆处于不可行驶状态，以确保交流电通过车辆充电口输入到充电机进行充电。

⑤ 在电动汽车和供电设备建立电气连接及车载充电机完成自检后，通过检测点 2 的 PWM 信号确认充电额定电流值；车载充电机给电动汽车控制装置发送充电感应请求信号，同时或延时给车辆控制装置供电；根据充电协议进行信息确认，若需充电则电动汽车控制装置发送，充电报文并控制充电的接触器闭合，车载充电机按所需功率输出。

⑥ 车辆控制装置通过判断检测点 2 的 PWM 信号占空比确认供电设备当前能提供的最大充电电流值；车辆控制装置对供电设备、充电连接装置及车载充电机的额定输入电流值进行比较，将其最小值设定为车载充电机最大允许输入电流；当判断充电连接装置已完全连接，并且车载充电机最大允许输入电流完成设置后，K_1、K_2 闭合，车载充电机开始对电动汽车进行充电。

⑦ 充电过程中，车辆控制装置可以对检测点 3 的电压值及 PWM 信号占空比进行监测，供电控制装置可以对检测点 1 的电压值进行监测。当充电完成或者因为其他原因不满足充电条件时，车辆控制装置发出充电停止信号给车载充电机，车载充电机停止直流输出、CAN 通信和低压辅助电源输出。

2. 直流充电工作原理

直流供电设备与车辆的典型电路原理图如图7-26所示。利用直流车载充电机对电动汽车充电，充电过程如下：

① 充电线缆未插入车辆充电插座之前，充电桩内的 U_1 电源提供12V或者5V的电源（以12V为例），通过电阻 R_1、R_2 以及开关 S 导通接地。此时CC1处以及检测点1的电压为6V，此时证明车辆处于未充电状态。充电线缆插入车辆充电插座之后，线缆和车座CC1连接，电路并联一个 R_4 电阻（R_2 和 R_4 并联），此时的电路总电阻变成500Ω，检测点1的电压为4V。充电桩认为充电线缆已经连接上。

② 操作人员对非车载充电机进行充电设置后，非车载充电机的控制装置通过测量检测点1的电压值判断车辆插头与车辆插座是否已完全连接，若检测点1的电压值为4V，则车辆接口完全连接，非车载充电机的控制电子锁锁止。

③ 在车辆接口完全连接后，非车载充电机完成自检。此时闭合接触器 K_3 和 K_4，开始给辅助电源供电，对BMS进行唤醒使低压辅助供电回路导通，同时开始周期发送充电机辨识报文。车辆控制装置通过测量检测点2的电压值判断车辆接口是否已完全连接，如检测点2的电压值为6V，则车辆控制装置开始周期发送车辆控制装备（或电池管理系统）辨识报文，该信号也可以作为车辆处于不可行驶状态的触发条件之一，此时充电机就可以认可充电。

④ 这时车辆控制装置会自动启动触发条件，通过互锁或者其他控制措施使车辆处于不可行驶状态，以确保直流电通过车辆充电口输入到充电机进行充电。

⑤ 车辆控制装置与非车载充电机的控制装置通信完成握手和配置后，车辆控制装置闭合接触器 K_5 和 K_6，使充电回路导通，车载充电机的控制装置闭合接触器 K_1 和 K_2，使直流供电回路导通。

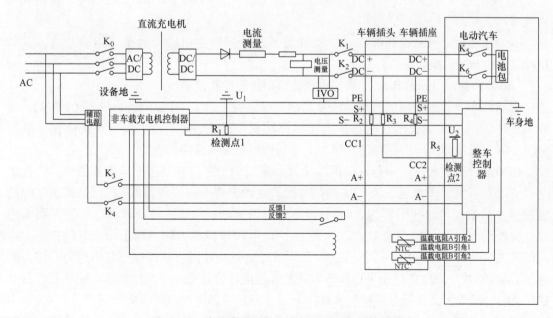

图7-26 直流供电设备与车辆的典型电路原理图

⑥ 在整个充电阶段，车辆控制装置通过向非车载充电机的控制装置实时发送充电级别需求来控制整个充电过程，非车载充电机的控制装置根据电池充电级别需求来调整充电电压和充电电流以确保充电正常进行，此外，车辆控制装置和非车载充电机的控制装置还相互发送各自的状态信息。

⑦ 车辆控制装置根据电池系统是否达到充满状态或收到充电机中止充电的电报文来判断是否结束充电。在满足以上充电结束条件时，车辆控制装置开始周期发送中止充电报文，在一定时间后断开接触器 K_5 和 K_6；非车载充电机的控制装置开始周期发送充电机中止充电报文，并控制充电机停止充电，之后断开接触器 K_1、K_2、K_3 和 K_4，并解开电子锁。

7.4 车载总线系统

总线是计算机各种功能部件之间传送信息的公共通信干线，它是由导线组成的传输线束。按照计算机所传输信息种类的不同，总线可以划分为数据总线、地址总线和控制总线，分别用来传输数据、数据地址和控制信号。总线是一种内部结构，它是 CPU、内存、输入、输出设备传递信息的公用通道，主机的各个部件通过总线相连接，外部设备通过相应的接口电路再与总线相连接，从而形成了计算机硬件系统。在计算机系统中，各个部件之间传送信息的公共通路叫总线，微型计算机是以总线结构来连接各个功能部件的。

总线按功能和规范可分为五大类型：

① 数据总线（Data Bus）：在 CPU 与 RAM 之间来回传送需要处理或是需要储存的数据。

② 地址总线（Address Bus）：用来指定在 RAM（Random Access Memory）之中储存的数据的地址。

③ 控制总线（Control Bus）：将微处理器控制单元（Control Unit）的信号，传送到周边设备。

④ 扩展总线（Expansion Bus）：外部设备和计算机主机进行数据通信的总线，例如 ISA 总线和 PCI 总线。

⑤ 局部总线（Local Bus）：取代更高速数据传输的扩展总线。

目前汽车上普遍采用的汽车总线有局部互联协议（LIN）和控制器局域网（CAN），正在发展中的汽车总线技术还有高速容错网络协议（FlexRay）、用于汽车多媒体和导航的 MOST 以及与计算机网络兼容的蓝牙、无线局域网等无线网络技术。

LIN 是一种低成本的串行通信网络协议，采用单个主控制器多个从设备的模式，在主从设备之间只需要 1 根电压为 12V 的信号线。这种主要面向"传感器/执行器控制"的低速网络，其最高传输速率可达 20kbit/s，主要应用于电动门窗、座椅调节、灯光照明等控制。典型的 LIN 网络的节点数可以达到 12 个。以门窗控制为例，在车门上有门锁、车窗玻璃开关、车窗升降电机、操作按钮等，只需要 1 个 LIN 网络就可以把它们连为一体。而通过 CAN 总线、LIN 总线还可以和汽车其他系统进行信息交换，实现更丰富的功能。目前 LIN 总线已经成为国际标准，被大多数汽车制造商和零部件生产商所接受。

在当前的汽车总线网络市场上，占据主导地位的是 CAN 总线。CAN 总线是德国博世有限责任公司在20世纪80年代初为了解决现代汽车中众多的控制与测试仪器之间的数据交换问题而开发的一种串行数据通信协议。它的短帧数据结构、非破坏性总线性仲裁技术及灵活的通信方式适应了汽车的实时性和可靠性要求。

事实上，如果把汽车比作一座城市，那么其各种电子设备和电子控制单元（Electronic Control Unit，ECU）就是不同的建筑，线束就是城市的公路，总线就相当于公交线路。表7-2所示为公共汽车与总线结构对应表。

表7-2 公共汽车与总线结构对应表

序号	公交线路	汽车总线	序号	公交线路	汽车总线
1	乘客	信息	7	时刻表	时序协议
2	公共汽车	数据帧	8	停车场	存储报文
3	公交线路	总线	9	汽车载客量	数据宽带
4	公交站点	节点	10	公路宽度	带宽
5	调度室	通信协议	11	公路网	拓扑结构
6	交通流量	负载能力	12	行驶速度	数据传输速率

车载总线系统是ECU之间传输信息的通道。事实上，总线的物理层相对比较简单，可以通过一条或者多条线路进行通信，而为了提高抗干扰能力，通常采用双绞线的形式。然而如何保证ECU之间的可靠信息交换就非常复杂，这就是总线通信协议。

7.4.1 CAN总线系统的主要特点

图7-27a所示为汽车布线网络图。以发动机转速信号为例，它来自发动机控制系统，不仅要传递给仪表板用于显示，还要提供给变速器控制系统以作为控制信号，如ABS/ASR系统和悬架系统的ECU。可见仅一个发动机转速信号就至少需要输出4组信号线，如果考虑到各种信号线，那么汽车上线束数量将大幅增加。

如图7-27b所示为采用CAN总线布线网络图。汽车动力传动系统采用CAN_H高速CAN总线和仪表板相连，车身电子控制采用CAN_L低速CAN总线和仪表板相连，线路简单清晰。

由此看来，汽车总线具有如下主要特点：

① 极大简化车辆布线工作，增加了控制系统可靠性，减少了线束数量。大量线束将导致汽车上有限空间内安装不便，维修时查找线路过程繁琐，而采用总线通信，线束少，质量轻。

② 采用数字信号传输，提高了电子系统的可靠性和抗干扰能力。

③ 插接件大幅度减少。由于传感器信号可通过总线提供给各ECU，大大减少了插接件的数量。

④ 便于安装。汽车总线采用双绞线或一条电缆，上面可挂接多个ECU，无须增加新的线缆。

⑤ 便于维修，节省维护费用。各ECU具有自诊断和简单的故障处理能力，并能通过

总线送往故障诊断接口,同时由于连接线路简单,便于及时查找和分析故障原因,快速排除故障。便于查找故障。

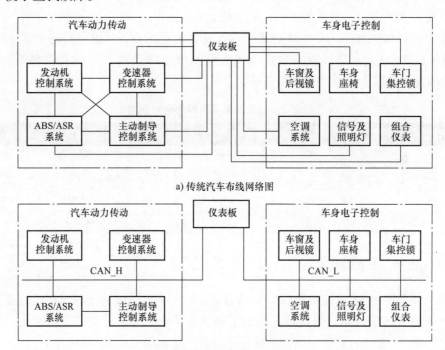

图 7-27 汽车布线网络图

7.4.2 车载总线系统的主要技术指标

车载总线系统的技术指标主要有:
(1) 数据传输速率
数据传输速率是描述数据传输系统的重要技术指标之一。数据传输速率在数值上等于每秒传输构成数据代码的二进制比特数,单位为 bit/s。对于二进制数据,数据传输速率为

$$S = 1/T \text{ (bit/s)}$$

式中,T 为发送每 1bit 所需要的时间。例如,如果在通信信道上发送 1bit 0、1 信号所需要的时间是 0.001ms,那么信道的数据传输速率为 1000000bit/s。在实际应用中,常用的数据传输速率单位有 kbit/s、Mbit/s 和 Gbit/s。

(2) 误码率
误码率(Symbol Error Rate,SER)是衡量数据在规定时间内传输精确性的指标:

$$误码率 = (传输中的误码 / 所传输的总的码数) \times 100\%$$

另外,也可将误码率定义为用来衡量误码出现的频率。误码是由于在信号传输中,衰变改变了信号的电压,致使信号在传输中遭到破坏而产生的。噪声、交流电或闪电造成的脉冲、传输设备故障及其他因素都会导致误码率(比如传送的信号是 1,而接收到的是 0)。

（3）通信带宽

通信带宽指的是汽车总线在单位时间内传送的数据量，又称为最大数据传输速率。它指的是在总线中每秒传输的最大字节量，用 MB/s 表示，即每秒多少兆字节。汽车总线是用来传输数据的，所采用的各项提高性能的措施，最终都要反应在传输速率上，所以在诸多指标中最大数据传输速率是最重要的。

（4）负载能力

负载能力是指汽车总线带负载的能力。负载能力强，表明可多挂接一些 ECU 模块。不同的总线，其负载需求不同，所接设备模块的总和不应超过总线的最大负载能力。

7.4.3 车载总线的分类

美国汽车工程师学会（Society of Automotive Engineers，SAE）下属的汽车网络委员会按照协议特性将汽车总线划分为 A、B、C、D、E 五类。

（1）A 类总线

A 类总线是面向传感器或执行器管理的低速网络，其传输速率通常小于 10kbit/s。它遵循异步串行通信 UART 标准，主要用于车内分布式电控系统，尤其是面向智能传感器或执行器的数字化通信场合。

（2）B 类总线

B 类总线是主要面向车身电子 ECU 和显示仪表等信息共享的中速网络，其传输速率一般在 10～125kbit/s。它遵循 CAN 总线标准 ISO11898-1，其中以控制器局域网最为著名。

（3）C 类总线

C 类总线是主要面向闭环实时控制的多路传输高速网络，传输速率多在 125kbit～1Mbit/s。它主要用于车上动力系统中对通信的实时性要求比较高的场合，主要服务于动力传递系统。

（4）D 类总线

D 类总线是面向多媒体设备、高速数据流传输的高性能网络，传输速率一般在 2Mbit/s 以上，主要用于 CD 等播放器和液晶显示设备。其带宽范畴相当大，用到的传输介质也有多种，常被分为低速（IDB-C 为代表）、高速（IDB-M 为代表）和无线（Bluetooth 为代表的）三大范畴。

（5）E 类总线

E 类总线主要面向乘务员的安全系统，该协议主要应用于车辆被动安全领域，在其应用场合中可能存在两条或多条总线，完全可以满足下一代汽车在安全领域的要求。

7.4.4 其他车载总线

（1）J1850 总线

J1850 总线是 1994 年由美国汽车工程协会颁布的标准，之后普及运用于美国车厂的汽车中，如福特、通用汽车、克莱斯勒等。

J1850 在分类上属于 B 类总线，其传输的速率为 20～125bit/s。在该总线上消息以数字信号形式进行传输，数字信号的显性位优先级高于隐性位优先级。当总线被高优先级的消息占用时，低优先级的消息被停止发送，只有当总线空闲时被停止发送的消息才能被再次发送，这是为了避免总线上消息冲突而导致消息的丢失。在判断是否应该接收总线所传输的消息时，J1850协议采用全帧比较的方式，即从帧起始位开始移位进行比较，直到结束为止。这种非破坏形式冲突解决的方法也是该协议的核心。它采用CRC校验法则来检测错误帧，当发送站点检测到自己发送的帧信息出现错误时，它会自动中断发送过程。而接收此消息的站点收到这个错误帧时会完全抛弃该帧。

由于J1850总线的实际运用较为混乱，因此有逐渐被淘汰的趋势。

（2）TTP/C总线

TTP/C协议于1993年首次提出，其中C是指该协议满足SAE C级网络标准。TTP/C协议是一种基于计算机网络的通信协议，对应ISO/OSI七层模型中的物理层、数据链路层和应用层，协议本身主要对数据层进行了详细的定义。

TTP/C总线传输媒介可以是同轴电缆、双绞线或者光纤，物理层上的信号采用具有同步能力MFM编码进行调制，最大传输速率取决于采用的传输介质。TTP/C全局采用TDMA总线访问方式，每一个节点都在TDMA周期内使用自己的时隙来发送数据。通过全局时钟机制，每一个节点都使用自己的时隙进行通信，因此所有节点的通信相互不冲突。TTP/C总线采用广播方式进行通信，因此网络中所有节点都可收到其他节点发送的数据。同时，TTP/C的总线监控具有独立于监控节点的电源和同步时钟，也保证了TTP/C总线具有更高的安全性与可靠性。

（3）VAN总线

VAN（Vehicle Area Network）又称车辆局域网，是现场总线的一种，由法国雷诺汽车公司和标志集团联合开发。VAN作为专门为汽车开发的总线，1994年成为国际标准。VAN通信介质简单，位传输速率可达1Mbit/s。

VAN符合ISO/OSI通信协议模型，协议本身只对物理层和数据链路层做了详细定义。该总线支持分布式实时控制的通信网络，可广泛应用于汽车门锁、电动车窗、空调、自动报警以及娱乐控制等系统。VAN总线作为串行通信网络，与一般总线相比，其数据通信具有突出的可靠性、实时性和灵活性。VAN标准特别考虑了严峻的环境温度、电磁干扰和振动因素，尤其适用于需要现场总线的实时控制系统。现在，VAN在世界汽车生产中已经得到大批量的应用。

VAN总线的应用形式主要有两种：一种为单一VAN网络；另一种为VAN-CAN混合网络。当前世界各汽车厂商由于各种原因而采用不同总线，尽管VAN已经成为国际标准，但是真正应用主要在法国，在我国的中法合资汽车厂也都采用VAN总线。VAN总线作为CAN总线的主要竞争者，具有较高的性价比和广阔的应用前景。

（4）MOST总线

MOST（Media Oriented Systems Transport）总线是一种高速媒体总线，主要应用在车载多媒体上或家庭多媒体设备上，它为用户提供了一种低成本的标准媒体接口。MOST总线是一种以光纤作为物理载体的环形总线，能够传输最高达25Mbit/s的数据流。提供MOST总线接口的设备可以方便地挂接到总线上或从总线上去除。因为它是以光纤为载体的总线系统,所以它大大提高了车载设备的信号传输质量,并且大大减轻了车内线束的质量。

与传统汽车总线相比,MOST 总线有以下特点:

① 高速网络。MOST 总线最高时能够传输高达 25Mbit/s 的同步/非同步信号,这个速度能够满足大多数媒体设备的要求。

② 抗干扰。MOST 总线采用光纤作为物理介质,极大地降低了传输时其他电器设备的电磁干扰,从而提高了信号的信噪比。

③ 更轻的质量。MOST 总线的物理结构决定了挂在 MOST 总线上的设备间通信不需要再增加其他连接方式,所有设备都通过光纤连接,这就降低了传输介质的重量。

④ 更大的灵活性。MOST 总线的逻辑特性决定了总线上只有一个主节点,其他节点可以根据情况灵活地挂接或去除,所有的从节点在享用总线的地位上是平等的。

⑤ 能够适应多种数据。在 MOST 总线上,可以传输诸如音视频流的同步数据,也可以传输基于其他数据传输协议的非同步数据。

(5) FlexRay 总线

FlexRay 是一种用于汽车的高速、可确定性强的、具备故障容错能力的总线技术,它将事件触发和时间触发两种方式相结合,具有高效的网络利用率和系统灵活性特点,可以作为新一代汽车内部网络的主干网络。FlexRay 是汽车工业的实施标准。它的出现使传统的控制结构产生了革命性的变化,并形成了新型网络化教学分布式控制系统。

FlexRay 具有广泛的应用领域:

① 替代 CAN 总线。在数据速率要求超过 CAN 的应用中会采用两条或多条 CAN 总线来实现,FlexRay 将是替代这种多总线解决方案的理想技术。

② 用作"数据主干网"。FlexRay 具有很高的数据速率,支持多种拓扑结构,适合于车辆骨干网络,用于连接多个独立网络。

③ 用于分布式控制系统。分布式控制系统用户要求确定知道消息到达的时间,且消息周期偏差非常小,这使得 FlexRay 成为具有严格实时要求的分布式控制系统的首选技术,能够应用于如动力系统、底盘系统的一体化控制中。

④ 用于高安全性要求的系统。FlexRay 本身不能确保系统安全,但它具备大量功能可以支持面向安全的系统设计。

思考题

1. 简述燃料电池电动汽车低压、高压电气系统的构成。
2. 简述电动助力转向系统的类型和工作原理。
3. 简述电动制动系统的类型和工作原理。
4. 充电系统是如何工作的?
5. 车载总线有哪些特点?常用的总线有哪些?

参考文献

[1] 杨国亮, 齐同启, 柳熹, 等. 纯电动汽车高压电气系统安全设计 [J]. 汽车工程师, 2015 (11): 41-44.

[2] 张甜, 宋庭新, 朱清波, 等. 电动汽车电气系统安全性分析及标准制定研究 [J]. 标准科学, 2018 (3): 47-51.

[3] 邹利宁, 胡艳峰, 王保平, 等. 电动汽车电气系统调试概述 [J]. 汽车电器, 2018 (9): 6-9.

[4] 王子龙, 杨国樑, 王东升, 等. 电动汽车高压系统电性能测试研究 [J]. 汽车电器, 2019 (12): 14-16.

[5] 李娘清. 比亚迪电动汽车高压电控系统的故障诊断与排除 [J]. 内燃机与配件, 2020 (3): 174-175.

[6] 曹景胜, 石晶, 段敏, 等. 电动汽车低压直流电源供电监测系统设计 [J]. 仪器仪表与分析监测, 2018 (4): 21-24.

[7] HUANG Y, ZENG F, ZHOU Q, et al. Study on the Characteristics of Boost Converter in Hybrid Fuel Cell City Bus [C]// , Proceedings of the International Conference of Industrial Technology, Hongkong. [S.L : s.n]. 2005.

[8] 王利利, 张琳娟, 尚雪宁, 等. 计算智能在电动车充电站规划的应用研究综述 [J]. 计算机工程与应用, 2020, 56 (2): 1-10.

[9] 邵尹池, 穆云飞, 余晓丹, 等. "车-路-网"模式下电动汽车充电负荷时空预测及其对配电网潮流的影响 [J]. 中国电机工程学报, 2017, 37 (18): 5207-5219.

[10] 夏晨阳, 赵书泽, 杨颖, 等. 电动汽车无线充电系统研究综述 [J]. 广东电力, 2018, 31 (11): 3-14.

[11] 邢强, 陈中, 冷钊莹, 等. 基于实时交通信息的电动汽车路径规划和充电导航策略 [J]. 中国电机工程学报, 2020, 40 (2): 534-550.

[12] 徐智威, 胡泽春, 宋永华, 等. 基于动态分时电价的电动汽车充电站有序充电策略 [J]. 中国电机工程学报, 2014, 34 (22): 3638-3646.

[13] KIM M H, PARK K S, YU S J, et al. A Secure Charging System for Electric Vehicles Based on Blockchain[J]. Sensors, 2019, 19 (13): 137-152.

[14] JIANG Y, LIU H, SONG H B, et al. Safety-Assured Model-Driven Design of the Multifunction Vehicle Bus Controller[J]. IEEE Transactions on Intelligent Transportation Systems, 2018, 19 (10): 3320-3333.

[15] 田洪清, 王岩, 纪斌义. 车辆总线技术发展综述 [J]. 现代制造技术与装备, 2019 (3): 219-220.

[16] QI J, LO K M. Formal Codesign and Implementation for Multifunction Vehicle Bus Circuits[J]. IEEE Transactions on Vehicular Technology, 2019, 68 (6): 5221-5235.

[17] 张海春, 姜荣帅, 王颉, 等. 基于熵的车载 CAN 总线异常检测研究 [J]. 汽车工程, 2021, 43 (10): 1543-1548.

第8章 燃料电池电动汽车的基础设施

燃料电池电动汽车的基础设施主要包括制氢、储氢、运氢、加氢四个方面,对于插电式燃料电池电动汽车当然还包括充电设备。本章首先简要介绍制氢、储氢和运氢,然后着重描述与燃料电池电动汽车相关性较大的加氢设施。

8.1 制氢

目前,制氢方法大体可以分为化石燃料制氢、工业副产氢回收、高温分解制氢、电解水制氢及其他方式制氢等。制取的氢气一般不能直接用于燃料电池电动汽车,还要经过变压吸附、低温吸附、钯膜扩散法、金属氢化物等方法进行分离提纯,以获得满足燃料电池工作需要的高纯度(99.99%以上)氢气,具体如图8-1所示。下面简要介绍目前工业常用的制氢方法:化石燃料制氢、工业副产氢回收、电解水制氢三种。

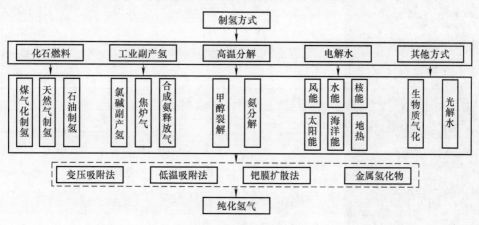

图 8-1 主要制氢方法

8.1.1 化石燃料制氢

化石燃料制氢是发展最为成熟的一类制氢技术,不同的化石燃料对应的制氢工艺也有所不同,生产设施当然也不尽相同。化石燃料就是煤和天然气,常用的天然气重整制氢的过程如下:在一定的压力和高温及催化剂作用下,天然气中烷烃和水蒸气发生化学反应,生成含氢量较高的转化气。转化气经过沸锅换热、进入变换炉使CO变换成CO_2;再经过换热、冷凝、汽水分离,控制气体依序通过装有三种特定吸附剂的吸附塔,利用变压吸附

技术吸附其中的 N_2、CO、CH_4、CO_2 等杂质，提取高纯度的氢气。

8.1.2 焦炉煤气副产氢

焦炉气制氢技术采用变压吸附工艺，从炼焦行业副产的焦炉气中提取纯氢。其基本原理是利用固体吸附剂对气体的吸附具有选择性，以及气体在吸附剂上的吸附量随其分压的降低而减少的特性，实现气体混合物的分离和吸附剂的再生，达到提纯制氢的目的。

8.1.3 电解水制氢

电解水制氢通过直流电将水分解成氢气和氧气。电解水制氢设备的主体是电解槽，一般由多达上百个单体和其他辅助设备组成。根据电解质的不同，电解水制氢可分为碱性水电解（Alkaline Water Electrolysis，AWE）、质子交换膜（PEM）电解、碱性阴离子交换膜（AEM）电解、固体氧化物电解（SOE）四种，见表 8-1。其中，AWE 电解技术最为成熟，PEM 电解技术近年来产业化发展迅速，SOE 水电解技术处于初步示范阶段，而 AEM 电解研究起步较晚。PEM 电解技术的电流密度高、电解槽体积小、运行灵活、利于快速变载，与风电、光伏具有良好的匹配性，成为一种发展趋势。SOE、AEM 电解的发展取决于相关材料技术的突破情况。

表 8-1 四种水电解制氢技术的特点

分类	AWE	PEM 电解	AEM 电解	SOE
电解质隔膜	30%KOH 棉膜	质子交换膜	阴离子交换膜	固体氧化物
电流密度 /(A/cm^2)	<0.8	1～4	1～2	0.2～0.4
(电耗/效率)/[$kW·h/(N·m^3)$]	4.5～5.5	4～50	—	预期效率约为100%
工作温度 /℃	≤90	≤80	≤60	≥800
产氢纯度	≥99.8%	≥99.99%	≥99.99%	—
相对设备体积	1	1/3	—	—
操作特征	需控制压差，产气需脱碱	快速启停	快速启停	启停不便
可维护性	强碱腐蚀强	无腐蚀性介质	无腐蚀性介质	
环保性	石棉膜有危害	无污染	无污染	
技术成熟度	充分产业化	初步商业化	实验室阶段	初期示范
单机规模 /($N·m^3/h$)	≤1000	≤200	—	—

在市场化方面，AWE 作为最为成熟的电解技术占据着主导地位。AWE 采用氢氧化钾（KOH）水溶液为电解质，以石棉为隔膜，分离水产生氢气和氧气，效率通常为70%～80%。一方面，AWE 在碱性条件下可使用非贵金属电催化剂（如 Ni、Co、Mn 等），因而电解槽中的催化剂成本较低，但其产气中含碱液、水蒸气等，需经辅助设备除去；另一方面，AWE 难以快速启动或变载、无法快速调节制氢的速度，与风、光等可再生能源发电的适配性较差。

PEM 水电解槽结构紧凑、体积小、欧姆极化作用降低，其电解槽运行电流密度通常是碱性水电解槽的 4 倍以上，工作压力可达 3.5MPa 以上，效率高，气体纯度高，能耗低，安全可靠性大大提高，是电解水制氢领域具有良好发展前景的先进技术。PEM 水电解槽采用 PEM 传导质子，隔绝电极两侧的气体，避免 AWE 使用强碱性液体电解质所伴生的缺点。PEM 水电解槽以 PEM 为电解质，以纯水为反应物，加之 PEM 的氢气渗透率较低，产生的氢气纯度高，仅需脱除水蒸气；电解槽采用零间距结构，欧姆电阻较低，能显著提高电解过程的整体效率，且体积更为紧凑；压力调控范围大，氢气输出压力可达数兆帕，适应快速变化的可再生能源电力输入。因此，PEM 电解水制氢是极具发展前景的绿色制氢技术路径。

8.2 氢气储存和运输

生产出来的氢气，需要通过运输才能到达加氢站或者其他用氢场所。在生产地和使用地点，都需要氢气储存装置进行储存，氢气的储运是结合在一起的，主要运输方式如图 8-2 所示。下面对氢气的储存和运输分别进行简单介绍。

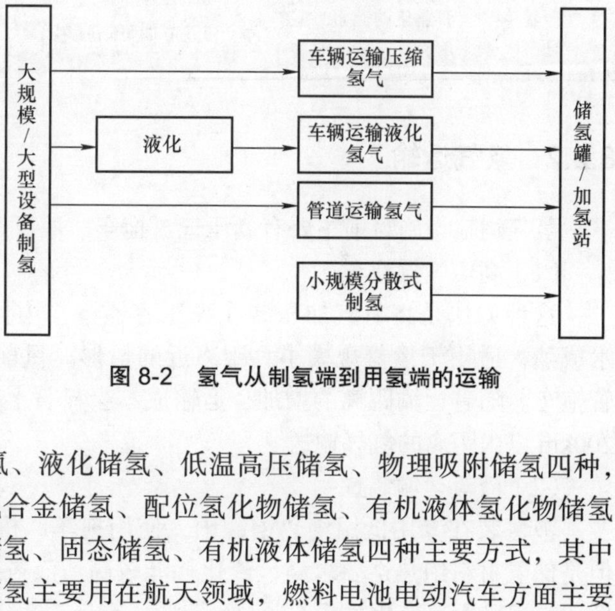

8.2.1 氢气储存

图 8-2 氢气从制氢端到用氢端的运输

储氢技术主要分为物理存储和化学存储两大类。物理储氢有高压储氢、液化储氢、低温高压储氢、物理吸附储氢四种，化学储氢有轻质元素氢化物储氢、储氢合金储氢、配位氢化物储氢、有机液体氢化物储氢四种。目前主要采用高压储氢、液化储氢、固态储氢、有机液体储氢四种主要方式，其中高压气态储氢是最常用的储氢方式。液氢主要用在航天领域，燃料电池电动汽车方面主要是加氢站有使用液氢储氢的情况。固态储氢是未来发展方向之一。几种储氢方式的主要特点见表 8-2。

表 8-2 四种主要储氢方式对比

类型	高压储氢	液化储氢	固态储氢	有机液体储氢
常用储氢材料	耐高压容器	耐超低温和保持超低温容器	金属氢化物、络合氢化物等	环己烷和甲基环己烷等
质量储氢密度	1.0%～5.7%	5.7%～10%	1.0%～4.5%	5.0%～7.2%
技术原理	在高压下，将氢气压缩，以高密度气态形式储存	氢气在高压、低温条件下液化，体积密度为气态的 845 倍，输送效率高于气态氢	利用固体对氢气的物理吸附或化学反应等作用，将氢储存于固体材料中，不需要压力和冷冻	基于不饱和液体有机物在催化剂作用下进行加氢反应，生成稳定化合物，当需要氢气时再进行脱氢反应

（续）

类型	高压储氢	液化储氢	固态储氢	有机液体储氢
优势	成本低，技术成熟，充放氢速度快，能耗低，工作条件较宽	体积储氢密度高，液态氢纯度高	体积储氢容量高，无需高压及隔热容器，安全性好，无爆炸危险，可得到高纯氢，提高氢的附加值	储氢密度高，通过加氢脱氢过程可实现有机液体的循环利用，成本相对较低，常用材料在常温常压下即可实现储氢，安全性高
劣势	体积储氢密度低，体积容量小，存有泄漏、爆炸的安全隐患	液化过程耗能大，易挥发，成本高，对储槽绝热材料的要求高	质量储氢密度低，成本高，吸放氢有温度要求，抗杂质气体能力差	氢气纯度不高，成本较高，脱氢反应常在高温下进行，催化剂容易失活
现状	技术成熟，唯一实现商业化的储氢方式，车用为主	商业化难度大，航天和液氢加氢站应用	有少量试用，还处于研究阶段	技术难度高

8.2.2 氢气运输

氢气运输设施目前主要有高压气氢拖车、液氢运输装置、输氢管道三种：

（1）高压气氢拖车

这种方法是将氢气加压装在高压容器中，用长管拖车等进行输送。气氢拖车运氢技术成熟，适用于运氢规模小、距离近的情形。目前采用主要的运输方式一般为20MPa长管拖车。随着运输距离的增加，运输成本会显著上升。从经济性上讲，高压气氢拖车适合200km以内距离的氢气输送。

（2）液氢运输装置

液氢装在专用低温绝热槽罐内，使用拖车、机车、船舶、飞机等运输。储氢效率高，但是储氢材料绝热性要求高，液化耗能较高。液氢运输成本随着运输规模的增大而大幅降低，与运输距离变化关系不明显。

由于液态氢的能量密度高于气态氢的能量密度，因此适合长距离输送大量氢气。氢气的液化过程耗能较多，大约需要消耗运输氢的能量的30%，相当于每运输1kg氢气消耗7~10kW·h能量。由于液氢与环境温度之间存在较大的温差，因此对所用材料和绝缘有很高的要求。通常，液氢运输使用距离应该超过400~1000km，并且运输温度应该保持在-253℃左右。

（3）输氢管道

通过管道输氢适用于运氢规模大、距离稍远的情形。管道运输没有技术瓶颈，主要问题是管道建设相对困难且造价高，输送过程损耗较大，而且管道运输的距离和管道利用率对运输成本影响明显。

利用现有的天然气管道，将氢气加压后输入，使氢气与天然气混合输送；在用氢端，从管道提取天然气/氢气混合气进行重整制氢，这是快速储运氢的新方向，在一些地方已经开始示范应用。

8.3 加氢站

燃料电池电动汽车的基础设施主要是加氢站,根据氢气来源不同分为站内制氢加氢站和外供氢加氢站。典型的气态氢加氢站组成如图8-3所示。

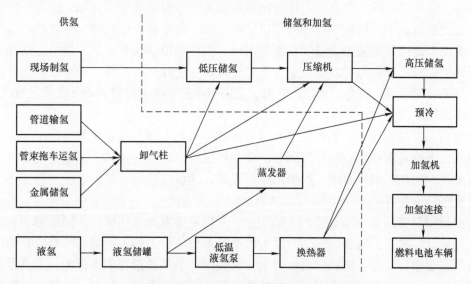

图 8-3 典型的气态氢加氢站组成示意图(含供氢)

加氢站可以单独建立,也可以与加氢、加油、充电站合建。根据储氢容量的不同,独立的加氢站等级划分见表8-3,加氢站内储氢罐的容量根据氢气来源、燃料电池电动汽车数量、每辆车充装氢气容量及充装时间而定。在城市建成区不应建立一级加氢站、一级加氢合建站和一级加氢加油合建站,这主要是从安全角度出发而规定的。当加氢站与加油站合建时,在城市建成区域内的油氢合建站其加氢部分能力只能是三级。

表 8-3 加氢站等级划分

等级	储氢罐容量 G/kg	
	总容量	单罐容量
一级	$4000 < G \leq 8000$	$G \leq 2000$
二级	$1000 < G \leq 4000$	$G \leq 1000$
三级	$G \leq 1000$	$G \leq 500$

8.3.1 加氢站建设要求

加氢站建设包括加氢站立项和选址、设计、建设、验收和取证等阶段,在各个阶段都有不同的具体工作和要求,下面从建设单位项目管理的角度进行简要说明。

(1)加氢站立项和选址

选址需要综合考虑产业政策、经济技术性、地理位置等关键因素。地点应符合当地产业政策和规划，考虑站外建筑物、构筑物的安全间距，另外选址要注重手续完备性，应及时取得政府部门的规划、土地、交通、住建、应急管理等部门的综合选址批复。

（2）加氢站设计

加氢站建设过程中主要遵循的法规、标准、规范涉及加氢站、燃气、供配电、压力管道、容器、特种设备等多个方面。加氢站按照功能通常分为卸氢、压缩、设备、加氢、辅助服务五大区域，主要由卸气柱、压缩机、冷冻机、冷水机、储氢罐、加氢机、氢气及氮气管路系统、站房、罩棚等设备和建筑物组成。对应的设计包含工艺、建筑、结构、给排水、暖通、电气、智能化等多个专业，要综合考虑安全性、可靠性、经济性、先进性，以及生产与运维等需求，安全、工艺、防雷、消防和站控系统的设计是设计工作的重点内容。

（3）加氢站建设

加氢站项目建设管理面临着安全和质量标准要求高、涉及专业机构多、工作界面和相互穿插多、审批监管和验收程序等问题。应严格执行国家有关法律、法规、规章规定，并符合有关技术标准、规范要求，明确勘察、设计、建设、监理、施工单位主体责任，实行工程质量终身负责制。

加氢站项目管理是一项复杂的系统工程，对内需要发挥管理团队协同作用；对外要统筹调度好设计、勘察、监理、施工、设备供货等参建单位工作，还要与政府监管部门就审批和监管事项做好沟通。建设阶段要特别注重关键环节和质量控制点把控，重点做好主设备采购、检查、安装，压力容器/压力管道报警、安装和测试，防雷、防爆和防静电施工与测试，消防和安防系统施工和调试，系统联合调试等重点工作。其中压力容器和压力管道的安装和测试，防雷、防爆和防静电施工，主设备安装和调试，系统和联合调试这四项最为关键。

（4）加氢站验收和取证

项目工程竣工后，建设单位向住建、规划、消防、质监、气象、档案、环保、市场监管等政府管理部门申请专项验收，并组织安全和环保的"三同时验收"。建设单位只有在验收合格取得相关资质证书后，才可以依法进行加氢站的商业经营活动。

8.3.2 加氢站组成

对于站外制氢加氢站，从主要设备和工艺流程角度，主要由以下系统配置组成：卸气系统、增压系统、储氢系统、加氢系统、氮气系统、放散系统、安防监控系统等。图8-4所示为加氢站的主要工艺流程。

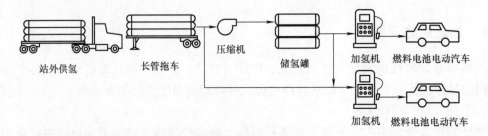

图8-4 加氢站的主要工艺流程

(1)卸气系统

氢气由长管拖车将高压氢气(18~20MPa)从气源处运至加氢站,当长管拖车上的氢气压力高于储罐内的氢气压力时,利用高低压差,通过泊位内的卸气柱,将长管拖车上的氢气卸到储氢瓶组;当长管拖车储氢瓶内压力与固定储氢瓶内压力平衡时,压缩机启动,继续将长管拖车储氢瓶中的氢气卸载到固定储氢瓶组中。

(2)增压系统

增压系统包括气缸润滑系统、冷却系统、电机、活塞等。无油润滑压缩机已日渐盛行(燃料电池电动汽车对氢气纯度要求很高,润滑油也可能造成污染)。多级压缩时的冷却系统可采用风冷或冷冻液,风冷简单但冷却系统和气缸寿命短,且电能消耗大,因此尽可能选择水冷。驱动可采用电机或天然气发动机,但也有少数采用空气动力驱动。当然也有一些新型的压缩机用于氢气增压,这里不再描述。

(3)储氢系统

储氢系统一般有两种:一种是用具有较大容积的储氢瓶,该类储氢瓶的单个水容积在600~1500L之间,为无缝锻造压力容器;另一种是采用小容积的储氢瓶,单个储氢瓶的水容积在45~80L。从成本角度看,大型储氢瓶的前期投资成本较高,但后期维护费用低,且安全性和可靠性较高。

(4)加氢系统

加氢系统主要包括高压管路、阀门、加氢枪、过滤器、节流保护、用户显示面板、计量、温度补偿、控制系统及应急管理系统等。加氢枪上安装压力传感器、温度传感器、过气压保护、软管拉断保护及优先顺序加氢控制系统等功能。

(5)氮气系统

加氢站配置有氮气储气瓶组,高压氮气作为气控系统气源和加氢站管路、设备的吹扫气体。氮气供应系统的基本工作流程如下:来自氮储氢瓶组的高压氮气,经减压后压力降至0.7MPa,然后分两路,一路供给各个紧急切断阀的气动执行机构,作为其控制气体;另外一路气体送往压缩机内的各个气动阀门的执行机构,控制阀门的启闭。同时在该氮气输送管路上预留接口,当系统需要吹扫时,利用软管将氮气吹扫接口和上面的预留接口相连,利用氮气对系统进行吹扫,或者用于系统调试和维修过程中的吹扫和空气置换。

(6)放散系统

氢气易燃易爆,为提高站内的安全性,采用氢气集中放散系统,其中卸气柱、压缩机、固定式储氢瓶和加氢机的放散均接至总管集中放散,不得就地放散。氮气无毒非燃,可在设备侧直接放散。

(7)安防监控系统

考虑到氢气易扩散性、易燃烧性、易爆炸性的特点,需要在站内特别增加一套安防监控系统,以确保站点的运营安全。

8.3.3 加氢站平面布置

加氢站主要包括经营管理区、氢气设备区、加氢作业区等,具体包括增压泵与压力容器、围墙设施、道路通道、氢气长管拖车、氢气卸气装置、防火墙、站外建筑物和构筑物距离等平面布置需要符合要求,其中最重要的一点是需要满足站内设施之间的防火距离。加氢站的平面布置站内设施之间的防火间距应符合国家标准的规定,具体见表8-4。

表8-4 设备、建筑物平面布置的防火间距　　　　　　　　　　　　（单位:m）

项目	控制室、变配电室、生活辅助间	氢气压缩机或氢气压缩机间	装置内氢气罐	氢灌瓶间、氢实（空）瓶间
控制室、变配电室、生活辅助间	—	15	15	15
氢气压缩机或氢气压缩机间	15	—	9	9
装置内氢气罐	15	9	—	9
氢灌瓶间、氢实（空）瓶间	15	9	9	—

与充电站一体的加氢合建站的充电工艺设施安装位置应距爆炸危险区域边界线3m以外,爆炸危险区域的划分应符合现行国家标准的有关规定。主要内容:室外或罩棚内的储氢容器或瓶式储氢压力容器组爆炸危险区域划分,应符合图8-5中给出的规定。其中设备本身为1区;以设备外轮廓线为界面,以4.5m为半径的地面区域、顶部空间区域为2区。设备的放空管应集中设置。从氢气放空管管口计算,半径为4.5m的空间和顶部以上7.5m的空间区域为2区。设备的放空管应集中设置。从氢气放空管管口计算,半径为4.5m的空间和顶部以上7.5m的空间区域为2区。加氢站的充电工艺设施安装位置要求如图8-5所示。

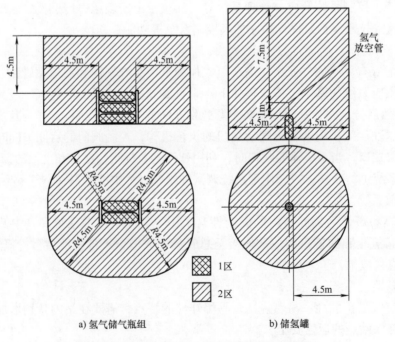

a) 氢气储气瓶组　　　　b) 储氢罐

图8-5 加氢站的充电工艺设施安装位置要求

加氢站及各类加氢合建站内的加氢、加油、充电等不同介质的工艺设施,不宜交叉布置。

8.3.4 站控系统

站控系统是对加氢站的设备运行状态、图像信号、参数配置等进行实时采集,实现站内设备的监视、控制和管理的系统,是加氢站日常运行和安全操作的必要组成部分。加氢站控系统由监控层、通信网络层和设备层构成,如图 8-6 所示。监控层实现对加氢站的监控管理,提供加氢站内各系统的运行界面,实现相关信息的收集和实时显示、设备的远程控制,以及数据的存储、查询和统计等,并与相关系统通信。通信网络层提供站控系统各设备之间的通信通道,并实现通信协议转换。设备层由分布在站内并连接到站控系统内的各类设备单元构成,采集设备运行状态及运行数据,上传至监控层,并接收和执行监控层的控制命令。

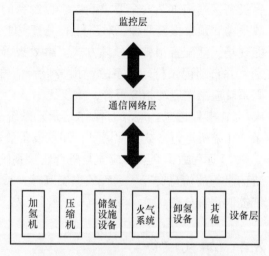

图 8-6 加氢站的站控系统构成示意图

(1) 站控系统的基本功能要求

① 加氢机监控。应具有采集进出口压力情况、加注温度、加注累计流量等功能;远程控制加氢机紧急停机功能;具有报警、事件记录等处理功能;具有采集加氢机的通信状态、泄漏状态、急停开关、供电状况等功能。

② 压缩机监控。应具有采集压缩机入口压力、卸载压力、排气压力、排气温度、振动频率等功能;远程控制压缩机紧急停机功能;报警、事件记录等处理功能;采集泄漏状态、风供气压力、冷却水温度、运行时间、通信状态等功能。

③ 储氢设施设备监控。远程控制压缩机联动和紧急停机功能;报警、事件记录等处理功能;采集储氢容器进气压力、出口压力、温度和泄漏状态等功能。

④ 火气系统监控。手动火警报警功能;系统宜具有火焰、温度、烟气、可燃气体等探测功能。

⑤ 卸氢设备监控。远程控制压缩机联动和紧急停机功能;报警、事件记录等处理功能;采集氢气运输车卸车压力、泄漏气状态、仪表风压力等功能。

(2) 站控管理功能

站控管理功能主要包括数据存储与处理、数据维护、报警处理、事件记录、设备信息管理、用户管理和权限管理、远程数据交互、报表管理与打印功能等。

① 数据存储与处理。所有报警信号及处理结果都应存入系统数据库,应具有对实时数据和历史数据集中存储功能。每个数据库中的数据点可按设定的间隔时间进行周期性保存。监控层数据存储时间应不少于 180 天。设备层监控单元宜保存不少于 15 天的历史数据。应具有数据查询、统计、输出功能。

② 数据维护。应有数据备份和恢复功能。修改数据库配置信息时,各级数据库之间应保证数据的同步。系统死机、硬件出错或电源掉电时,系统应能自动保护实时和历史数据,

故障排除重新启动后，应能自动恢复至故障前状态。

③ 报警处理。采集的模拟量发生越限、突变、数字量变位及计算机系统自诊断故障时能进行报警处理。事故发生时事故报警装置立即发出声光报警，其余报警限值由加氢站根据设备及站控工艺安全要求确定。控制台的画面应显示对应的故障设备。报警方式分为事故报警和预告报警两种，对事件的报警应能分层、分级、分类处理，起到事件的过滤作用，能现场灵活配置报警的处理方式。事故报警和预告报警应采用不同颜色、不同音响予以区别，并自动记录打印。事故、预告报警信号确认后，如果在规定时间内其异常仍未消除，则系统应再次启动相应报警，重复提示。

④ 事件记录。应具有操作记录、系统故障记录、报警记录、加氢机运行参数异常记录、压缩机运行参数异常记录、卸氢设备参数异常记录等。

⑤ 远程数据交互。应能与外部管理系统进行加氢站设备信息、运营管理信息、计量计费信息等的信息交互。远程数据交互接口或模块应能支持配置数据采集要求，且与站控系统控制逻辑分离。

8.4 加氢设备

氢气加注是连接加氢站与氢燃料电池电动汽车的中间环节，安全、快速加氢是氢燃料电池电动汽车应用的基础和保障。高压氢气加注过程中，由于焦耳-汤姆孙效应可能会导致储氢瓶出现超温、超压等问题，因此必须严格控制加氢过程。常用燃料电池电动汽车的加氢压力等级一般是35MPa和70MPa，具体见表8-5。

表8-5 常用加氢压力等级要求

加氢机 工作压力等级	公称工作压力 （NWP）/MPa	最大工作压力 （1.25 NWP）/MPa	最大允许工作压力 （1.375NWP）/MPa
H35	35	43.8	48.1
H70	70	87.5	96.3

8.4.1 加氢机

加氢机基本组成和工作原理：加氢机系统通常主要由高压氢气管路及安全附件、质量流量计、加氢枪、控制系统和显示器等组成。氢气从气源接口进入加氢机进气管路，依次经过气体过滤器、进气阀、质量流量计、拉断阀、加氢软管、加氢枪后，通过汽车加氢口充入汽车储氢瓶（Compressed Hydrogen Storage System，CHSS）。加氢机的控制系统自动控制加氢过程并与加氢站控系统、汽车加氢通信接口等实时通信。加氢机系统组成和车载储氢系统如图8-7所示。

加氢机型号由适用气体类型、有无顺序控制、枪数、有无通信、额定压力几部分组成，如图8-8所示。

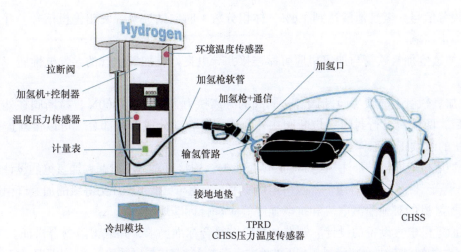

图 8-7 加氢机系统组成和车载储氢系统示意图

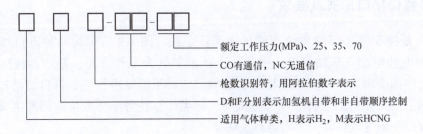

图 8-8 加氢机型号

加氢机技术要求：加氢机必须符合有关标准的规定，并按规定程序批准的图样及文件制造。制造加氢机的材料应是符合国家有关规定的材料，与压缩氢气相接触的金属和非金属材料应具有良好的氢相容性，并且不能影响加注气体的品质。加氢机的功能要求主要有计量准确度、重复性、计量单位和计数示值范围、适用压力范围、气体过滤器、电源适应性、环境适应性、气密性、耐压强度、电磁兼容性、掉电保护和安全性要求。满足这些性能都是为了保证正常和安全加氢所必须的，下面主要讨论安全性方面的具体要求。

① 加氢机加注管道上设置安全阀，开启压力设置为加氢机最大工作压力的 1.05~1.1 倍，且不大于设计压力。超压时加氢机自动排放泄压。

② 加注氢气流量不大于 60g/s，加氢结束时氢气罐的加注率（State Of Charge，SOC）一般应为 95%~100%。

③ 70MPa 加氢机设置有与汽车相连接的标准通信接口，将加注过程中车载储氢瓶内温度、压力信号及时输送到加氢机。出现通信中断、超温或超压时，加氢机自动停止加氢。

④ 70MPa 加氢机设置有氢气预冷系统，以便将氢气冷却至预定温度后充装到储氢瓶中，预冷温度一般为 -40~0℃。

⑤ 加氢机设置有紧急停机按钮，发生紧急情况时，按下该按钮能关闭供气阀门停止加氢，并向站控系统发出停车信号。

⑥ 加氢机内部氢气易积聚处设置氢气报警装置，氢气体积分数达到 0.4% 时向站控系

统发出报警信号，氢气泄漏达到1.6%（体积分数）时向站控系统发出停机信号，并自动关闭阀门停止加氢。

⑦加氢枪加氢软管与加氢机应可靠连接并导电良好，加氢软管的导静电性能应符合标准规定。

⑧加氢软管上应设置拉断阀。拉断阀的分离拉力为220～1000N；拉断阀在外力作用下分开后，两端应自行封闭；拉断阀在外力作用下自动分成的两部分，可以重新连接，保证加氢机的继续正常工作。

⑨加氢枪应能与被加注车辆加氢口匹配良好，连接可靠，不泄漏。加氢枪的设计应确保只能大于等于其工作压力等级的加氢口连接使用，避免与更低工作压力等级的加氢口相连。

⑩加氢机的对地泄漏电流和抗电强度等应符合标准规定。

⑪加氢机电气设备的设计、制造与检验应符合标准要求，并取得防爆合格证。

⑫加氢机上或者加氢机旁易于接近的地方应设置人体静电导释装置，接地电阻不大于10Ω。

8.4.2 加氢口接口形式及要求

加氢口是指车辆上与加氢枪相连接的部件总成，图8-9所示为一种进口加氢口的实物图。燃料电池电动汽车加氢口主要适用于压缩氢气为工作介质、额定加注压力不超过70MPa、工作温度为-40～85℃的情况。加氢口应满足低噪声加注，带自清洁过滤器、高流量止回阀、密封友好的设计、压力范围和气体类型标注等基本要求。当然也有液氢加氢口，这里仅以压缩氢气加氢口为例进行说明。

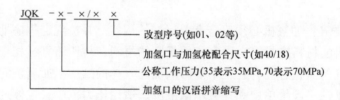

图8-9 一种加氢口（带保护盖）

加氢口性能要求：一般情况下，加氢口的接口形式及尺寸应符合国家标准的要求。允许有便于安装的倒角、保护盖形式固定槽、六角形状等设计，且此类设计不应影响加氢枪的正常接合。为了解决因氢气遇冷而导致的加氢枪冻结问题，加氢口应有对应设计措施。加氢口的设计中应包含单向阀。加氢口的性能要求方面主要有气密性、耐振性、耐热性、耐久性、耐氧老化性、耐臭氧老化、相容性、液体静压强度、耐盐雾腐蚀性、耐温度循环性、兼容性等方面，具体要求简述如下：

首先用检漏液检查，如果 1min 之内无气泡产生则为合格。如果产生气泡，则继续采用检漏仪或其他方式进行测量，其等效氢气泄漏率不应超过 0.02L/h（标准状态下）。

耐振性试验后，所有连接件不应松动，其气密性应符合要求。

耐热性试验后，不应有气泡产生。

耐热性试验后进行耐久性试验，试验后不应出现异常磨损，且应符合气密性和液体静压强度的要求。

加氢口与氢气接触的密封件在分别进行耐氧老化和耐臭氧老化试验后，无明显变形、变质、斑点及裂纹等现象。

加氢口与氢气接触的非金属零件，进行相容性试验后，其体积膨胀率应不大于 25%，体积收缩率应不大于 1%，质量损失率应不大于 10%。

加氢口的承压零件进行液静压强度试验后，应不出现任何裂纹和永久变形。

耐盐雾腐蚀性试验后加氢口不应出现腐蚀或保护层脱落的迹象，且符合气密性要求。

耐热度循环性试验后，试验中气体压力不应低于正常工作压力（70%NWP），试验后加氢口应符合气密性和液体静压强度的要求。

兼容性一般是指低压力的加氢枪可以同高压力的加氢口配合加氢，但反之不可以。如 70MPa 加氢口可以兼容 35MPa 的加氢枪来配合加氢，但 35MPa 加氢口不可以兼容 70MPa 加氢枪。加氢兼容性试验后不应出现异常磨损，且应符合气密性的要求。

8.4.3　35MPa 及 70MPa 加氢通信要求

（1）加氢通信简介

为了保证加氢安全和尽量加满氢，在加氢机与燃料电池电动汽车之间添加实时通信系统，现在 35MPa 及 70MPa 通信都是采用红外线通信方式。在车辆侧和加氢机侧（加氢枪）分别安装有红外发射器和红外接收器。现在的标准要求是 70MPa 加氢要求必须采用加氢通信系统，而 35MPa 加氢系统是可以选用通信系统。

在加氢时，加氢枪插入汽车加氢口，固定于加氢枪上的 IrDA（红外线端口）接收模块开始接收位于加氢口附近 IrDA 发送模块发出的红外信号，然后将其传送至解码模块对红外信号进行解码，然后经过数据转换格式后传送至加氢机的 PLC。整个过程需要完成储氢瓶内温度、压力数据在燃料电池汽车上的采集、编码和红外发送及在加氢机上的红外接收、解码、信号转换和传送过程，保证燃料电池电动汽车氢气加注时储氢瓶内的温度、压力数据信号与加氢机的实时红外通信，如图 8-10 所示。

（2）SAE 加氢协议简介

目前，美国 SAE 等机构发布了几个相关的车辆加氢协议标准，标准规定了汽车氢燃料加注协议及工艺限制。车辆压缩氢储存系统中的环境温度、燃料输送温度和初始压力等因素会影响这些工艺限制，包括燃料温度、最大燃料流速、压力增长率等。SAE J2601 规定的氢气加氢协议，适用于车载高压储氢系统（CHSS）容积 49.7～248.6L（H35、H70）和容积大于 248.6L（H70）、最大加注流量为 60g/s 的地面车辆。

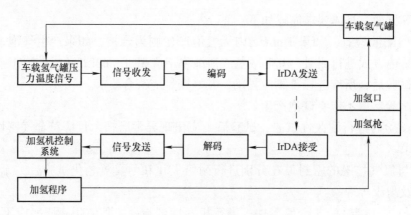

图 8-10 加氢通信示意图

加氢站一端负责控制加氢过程在以下操作界限内。影响加氢的因素主要有环境温度、加氢机的压力等级、氢燃料的输出温度、CHSS 的大小、形状、材料，开始温度和压力，加氢机到车辆的压力下降和传热。一个完整的加氢过程包括三个阶段：

① 启动阶段，从加氢枪连接到车辆上开始，其间有一个连接压力脉冲。在启动时间内，加氢站测量 CHSS 压力、容量类型和泄漏检查。

② 主加氢阶段，当氢气开始进入车辆时加氢开始，在这个阶段内，CHSS 内的压力和温度上升。加氢协议的设计应满足：CHSS 在加氢过程中的任何时刻温度不超过最高工作温度（85℃）。

③ 关闭阶段，加氢气流停止，加氢枪与加氢口脱开。

图 8-11 所示为一个典型的加氢过程中压力温度变化示意图。

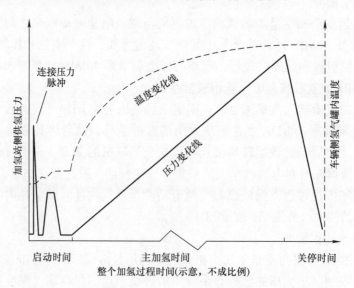

图 8-11 典型加氢过程中 CHSS 温度和供氢压力变化曲线

（3）加氢目标

一般情况下，使用加氢通信时氢气的加注率（SOC）是 95%~100%。加氢时间随着环境温度、初始CHSS压力、CHSS容量、最终SOC等条件而变化。为此，标准定义了一个基准的加氢参数：加氢通信表；加氢机类型：H70-T40；环境温度：20℃；CHSS初始压力10MPa；最终SOC：95%。在此基准条件下，加氢协议的目标是主加氢时间不大于3min。

（4）加氢操作边界条件

加氢协议是为了保证CHSS中的氢气不超出正常操作边界，这个边界主要是CHSS最大温度和最大操作压力（Maximum Operation Pressure，MOP）。对于H70的CHSS，温度范围为-40~85℃，压力范围0.5~87.5MPa。图8-12所示为SAE J2601规定的H70加氢的边界条件，图中给出最大温度（右侧为过热）和MOP（顶部为过气压），还给出了最大密度（100%SOC）边界线。

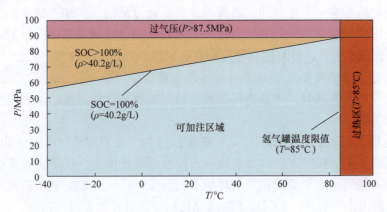

图8-12　H70加氢边界条件

为了保证CHSS操作在操作边界内，加氢站应根据初始条件在加氢过程中全程调整氢气流量。例如，加氢时天气热，CHSS初始温度可能较高，这样加氢站的加氢流速就要较慢，以保证CHSS温度不超过其最高工作温度。

详细内容可以参考SAE J2601等标准，这里只给出了加氢过程的部分基本要求。每个加氢协议可以有额外的要求和限制，标准中的要求只是需要满足的最低要求，制造商可以采取更多的安全预防措施。

8.4.4　加氢枪的相关要求

加氢枪是安装在加氢机加氢软管末端、用于连接加氢机与车辆的加注接口的装置。这里主要说明使用压缩氢气为工作介质、工作压力不超过70MPa、工作环境温度为-40~60℃的燃料电池电动汽车加氢枪。图8-13所示为一种带通信接口的70MPa加氢枪。

加氢枪的接口形式和尺寸应能匹配加氢口，设计应确保其只能与工作压力等级相同或更高的加氢口连接使用，避免与更低工作压力等级的加

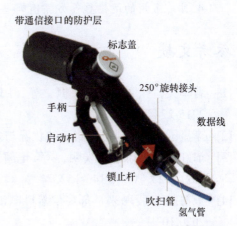

图8-13　一种带通信接口的70MPa加氢枪

氢口相连。同时，加氢枪要符合同加氢口的兼容性要求。加氢枪上的临氢材料应与氢兼容，在使用寿命期限内，不发生氢脆，加氢枪的材料为不发火材料。按照国标规定，燃料电池电动汽车加氢枪一般分为 A、B、C 三种类型：

A 型加氢枪适用于加氢机关闭之后加注软管处于高压状态的装置。只有当加氢枪与加氢口正确连接时，才能进行加氢。该型加氢枪配备一个或多个集成阀门，通过关闭该阀门能够首先停止加氢，然后在卸枪之前安全排空枪头中的氢气。其操作机制应确保在排空动作之前排空管路已打开，并且在卸下加氢枪之前，加氢枪截止阀和加氢口针阀之间的氢气安全排空。

B 型加氢枪适用于加氢机关闭之后加注软管处于高压状态的装置。该型加氢枪进气口之前直接或间接地安装一个独立的三通阀门，并且通过该阀门实现在卸下加氢枪之前，安全地排空枪头内残留氢气。只有当加氢枪与加氢口正确连接时，才能进行加氢。在卸下加氢枪之前，应先放空氢气。外部的三通阀应有标记指示开、关及放气的位置。

C 型加氢枪适用于加氢机关闭之后加注软管被泄压（不大于 5MPa）的装置。只有当加氢枪与加氢口正确连接时，才能进行加氢。通过接收来自加氢枪的正确连接信号，加氢机可控制相关功能。

加氢枪与加氢机软管的连接不应只依靠螺纹密封。A 型加枪应有一体式或永久标识，明确标示出其开、关的操作方向。加氢枪有过滤器等防护措施，能防止管路中上游的固体杂质进入车辆的氢气罐。加氢枪在大气环境下的温度 -40～60℃、氢气温度 -40～85℃的范围内应能正常工作。另外，加氢枪不应通过机械方法打开加氢口单向阀。

思考题

1. 目前常用的制氢方案有哪些？现有的制氢技术中，在没有进行纯化之前，哪种技术得到的氢气纯度较高？
2. 目前常用的储氢方案有哪些？在燃料电池电动汽车上常用哪些储氢方案？
3. 为什么加氢要控制速度？加氢预冷的目的是什么？
4. 目前常用的运输氢气方案有哪些？各有什么利弊？

参考文献

[1] 曹军文，张文强，李一枫，等. 中国制氢技术的发展现状 [J]. 化学进展，2021，33（12）：2215-2244.

[2] 李星国. 氢气制备和储运的状况与发展 [J]. 科学通报，2022，67（Z1）：425-436.

[3] 俞红梅，邵志刚，侯明，等. 电解水制氢技术研究进展与发展建议 [J]. 中国工程科学，2021，23（02）：146-152.

[4] 戴海峰，裴冯来，郝冬. 燃料电池电动汽车安全指南 [M]. 北京：机械工业出版社，2020.10

[5] 赵俊玮，陈轶嵩，方海峰，等. 我国燃料电池汽车加氢站发展现状分析及对策建议 [J].

汽车工程学报，2019，9（3）：201-208.

[6] 张旭.氢燃料电池电动汽车加氢站相关标准分析与建议 [J].现代化工，2020，40（2）：1-6.

[7] 文星.汽车加氢站技术路线与发展规划 [J].煤气与热力，2020，40（2）：24-26.

[8] 冼静江，林梓荣，赖永鑫，等.加氢站工艺和运行安全 [J].煤气与热力，2017，37（9）：51-56.

[9] 张彦纯.加氢站主要工艺设备选型分析 [J].上海煤气，2019（6）：10-13.

[10] 潘相敏，梁阳，刘京京，等.国内外加氢站发展述评及相关建议 [J].交通与运输，2020，36（3）：97-101.

[11] 李建勋.加氢站氢气充装和放散过程分析 [J].煤气与热力，2020，40（5）：15-20.

[12] WANG L, ZHANG L B, LUO L S, et al. Effect of Melt Hydrogenation on Microstructure Evolution and Tensile Properties of（TiB+TiC）/Ti-6Al-4V Composites[J]. Journal of Materials Research and Technology, 2020, 9（3）: 6343-6351.

机械工业出版社 汽车分社

读者服务

机械工业出版社立足工程科技主业,坚持传播工业技术、工匠技能和工业文化,是集专业出版、教育出版和大众出版于一体的大型综合性科技出版机构。旗下汽车分社面向汽车全产业链提供知识服务,出版服务覆盖包括工程技术人员、研究人员、管理人员等在内的汽车产业从业者,高等院校、职业院校汽车专业师生和广大汽车爱好者、消费者。

一、意见反馈

感谢您购买机械工业出版社出版的图书。我们一直致力于"以专业铸就品质,让阅读更有价值",这离不开您的支持!如果您对本书有任何建议或宝贵意见,请您反馈给我。我社长期接收汽车技术、交通技术、汽车维修、汽车科普、汽车管理及汽车类、交通类教材方面的稿件,欢迎来电来函咨询。

咨询电话:010-88379353　　编辑信箱:cmpzhq@163.com

二、电子书

为满足读者电子阅读需求,我社已全面实现了出版图书的电子化,读者可以通过京东、当当等渠道购买机械工业出版社电子书。获取方式示例:打开京东App—搜索"京东读书"—搜索"(书名)"。

三、关注我们

机械工业出版社汽车分社官方微信公众号——机工汽车,为您提供最新书讯,还可免费收看大咖直播课,参加有奖赠书活动,更有机会获得签名版图书、购书优惠券等专属福利。欢迎关注了解更多信息。

四、购书渠道

我社出版的图书在京东、当当、淘宝、天猫及全国各大新华书店均有销售。
团购热线:010-88379735
零售热线:010-68326294　88379203

编辑微信